本书出版得到国家社会科学基金重大项目“从'大缓和'到'大衰退'的西方宏观经济学理论与政策的大反思”（14ZDB123）、马克思主义理论研究和建设工程重大项目“防范和化解经济金融风险”（2015MZD033）、北京市社会科学基金重点项目“开放视角下的中国货币政策框架的重构”（14JGA002）的资助。

国家发展与战略丛书
人大国发院智库丛书

货币政策理论反思及中国政策框架转型

The Reflection on Monetary Theory and the Reform of Chinese Policy System

范志勇 著

中国社会科学出版社

图书在版编目（CIP）数据

货币政策理论反思及中国政策框架转型／范志勇著．—北京：
中国社会科学出版社，2016.5
（国家发展与战略丛书）
ISBN 978－7－5161－8062－4

Ⅰ．①货…　Ⅱ．①范…　Ⅲ．①货币政策—研究—中国
Ⅳ．①F822.0

中国版本图书馆 CIP 数据核字（2016）第 084387 号

出 版 人　赵剑英
责任编辑　王　茵
特约编辑　王　称
责任校对　李　莉
责任印制　王　超

出　　版　中国社会科学出版社
社　　址　北京鼓楼西大街甲 158 号
邮　　编　100720
网　　址　http://www.csspw.cn
发 行 部　010－84083685
门 市 部　010－84029450
经　　销　新华书店及其他书店

印　　刷　北京君升印刷有限公司
装　　订　廊坊市广阳区广增装订厂
版　　次　2016 年 5 月第 1 版
印　　次　2016 年 5 月第 1 次印刷

开　　本　710×1000　1/16
印　　张　14.75
插　　页　2
字　　数　186 千字
定　　价　56.00 元

必须要区分该政策体系所暴露出的问题中哪些是源于宏观经济学理论自身的缺陷，哪些是源于西方国家的政策失误，还有哪些是政策实践中客观存在的困难之处。

随着利率市场化进程加速，中国货币政策框架可能面临重大调整。我们又该如何借鉴发达国家的经验和教训？毕竟中国的货币政策体系与发达国家存在显著差异，中国尚未建立起完备的市场化利率体系，仍以货币数量为中间目标，而且货币政策深受财政和产业政策的影响等。

本书试图在梳理金融危机之后发达国家货币政策理论最新变化的基础上，结合中国货币政策体系现状，考察最新的理论发展和实践经验如何为完善中国货币政策体系提供借鉴。本书分为以下几个部分：

第一编介绍"新共识"货币政策理论的基本内容及其形成背景，包括第一章至第五章。第一章总结"新共识"货币政策理论的基本内容及其理论与实践基础。第二章通过一个简单的"新共识"货币政策理论模型说明该模型的主要特征，模型出自 Galí（2009）。第三章主要介绍"新共识"货币政策的操作规则和政策传导渠道。第四章主要介绍货币政策目标，在"新共识"货币政策理论模型中，货币政策的理论基础从菲利普斯曲线转向泰勒曲线，货币政策目标从权衡产出与通货膨胀之间的替代关系转向权衡产出缺口波动（方差）与通货膨胀缺口波动（方差）之间的替代关系。第五章主要介绍"新共识"货币政策框架下的最优货币政策，包括稳定性货币政策的目标函数以及最优货币政策的特征。

第二编介绍新凯恩斯菲利普斯曲线（New Keynesian Phillips Curve，NKPC）的蜕变和发展，包括第六章至第八章。作为"新共识"货币政策的核心方程之一，经济学家自新凯恩斯菲利普斯曲线产生之日就不断对其进行改进和发展。[①] 第六章主要介绍新凯恩斯菲利普斯曲线在实证方面的改进，包括新凯恩斯菲利普斯曲线向混合菲利普斯曲线的蜕变，以及混合菲利普斯曲线的实证研究方法。第七章将内生供给冲击纳入新凯恩斯菲利普斯曲线中，以解决“新共识”货币政策模型中的“天赐巧合”（Divine Coincidence）问题。[②] 第八章将非零稳态通货膨胀引入新凯恩斯菲利普斯曲线，考察非零稳态通货膨胀条件下，新凯恩斯菲利普斯曲线的扩展。

第三编总结金融危机之后，发达国家货币政策实践以及货币政策理论的反思与发展，包括第九章至第十章。其中第九章总结了金融危机之后，包括美国、欧元区和日本等发达国家非常规货币政策的理论和实践。在简要介绍相关理论的基础之上，这一章总结了各经济体逐步深入实施非常规货币政策的进程，并比较了各经济体非常规货币政策的差异及其原因。第十章总结了“新共识”货币政策框架在危机期间所面临的挑战、应对措施，以及经济学家对该政策框架的反思，包括：将金融市场和货币（信贷）纳入政策分析框架方面的新进展；经济学家对改进和完善现有货币政策规则的新主张；货币政策如何应对资产泡沫问题等等。

第四编是本书的最后一部分，包括第十一章到第十三章。第十一章总结中国现有货币政策体系与西方发达国家之间的差异以及中国独特国情所造成的货币政策框架面临的困境，并对中国货币政策框架如何借鉴发达国家经验进行初步探讨。第十二章分析指出在中国经济

---

① “新共识”货币政策框架包含三个核心方程，分别是新凯恩斯菲利普斯曲线、动态 IS 曲线和泰勒规则。

② “天赐巧合”是指在“新共识”货币政策框架下，稳定通货膨胀与稳定产出缺口之间存在一致性的问题。

"新常态"下，货币政策面临的双重目标是控风险和稳增长。结合中国经济当前所面临的金融动荡和经济下行压力，本章首先指出货币政策所面临的"降杠杆""去产能"等压力，然后指出"新常态"下中国货币政策转型的思路。第十三章讨论了利率市场化条件下，中国货币政策框架的重构问题。本章首先分析了中国目前存在的金融抑制条件下的利率双轨制体系；进而对比了"公开市场操作"和"利率走廊"作为利率市场化条件下货币政策当局调控政策利率主要方式的特点；结合中国金融市场发展的现状，本章提出"利率走廊"模式更加适合中国利率市场化改革的方向。

最后是本书的参考文献。

目　录

第一编　“新共识”货币政策理论的基本内容及其形成背景

第二编 新凯恩斯菲利普斯曲线的蜕变与发展

第三编　金融危机后货币政策理论的反思和发展

第四编　中国货币政策理论与实践转型

第一编　“新共识”货币政策理论的基本内容及其形成背景

从20世纪70年代末到90年代初，西方国家的货币政策在应对经济波动和通货膨胀过程中，逐渐形成了一系列赢得广泛共识的基本原则。这些基本原则被统称为“新共识”货币政策框架。这一政策框架的形成与成熟来源于各国中央银行在政策实践中通过“干中学”所积累的经验和教训，同时也来源于宏观经济学理论不同流派的融合。然而在2007年开始的金融危机之后，“新共识”货币政策框架受到了多方面的批评和质疑。为了更好地理解“新共识”货币政策理论本身以及经济学家提出的批评，作为本书的第一部分，我们首先介绍“新共识”货币政策理论的基本内容。

在第一章“‘新共识’货币政策理论的基本内容及其理论与实践基础”中，我们总结了“新共识”货币政策理论的基本内容及其理论与实践基础，重点介绍“新共识”货币政策框架是如何伴随西方发达国家反通货膨胀实践和宏观经济学各流派的发展而逐步产生的。

在第二章“一个简单的‘新共识’货币政策模型”中，我们通过一个基本的理论模型说明“新共识”货币政策理论的基本内容和特征，重点总结理论模型背后所隐含的基本假设和政策含义。

第三章“‘新共识’货币政策的操作规则和政策传导渠道”介绍“新共识”货币政策的操作规则和政策传导渠道。“新共识”货币政策框架事实上包含四个方程，除了第二章中给出的三个方程之外，“新共识”货币政策框架还隐含着一条短期利率向长期利率传导的收益率曲线（yield curve）。通过这一章，我们重点说明“新共识”货币政策模型所隐含的货币政策传导渠道。

第四章“货币政策稳定目标：从菲利普斯曲线到泰勒曲线”介绍

“新共识”货币政策框架下，货币政策目标的新变化。

第五章“‘新共识’货币政策框架下的最优货币政策”主要介绍“新共识”货币政策框架下的最优货币政策的含义及其特征。

通过本书的第一部分，我们试图理清“新共识”货币政策框架形成的历史背景，以及在复杂的模型背后所隐含的理论假设。这些分析，可以帮助我们更加全面客观地认识“新共识”货币政策理论的内容。

第 一 章

“新共识”货币政策理论的基本内容及其理论与实践基础

从20世纪70年代末到90年代初，西方国家的货币政策在应对经济波动和通货膨胀过程中，逐渐形成了一系列赢得广泛共识的基本原则。这些基本原则被统称为“新共识”货币政策框架。这一政策框架的形成与成熟来源于各国中央银行在政策实践中通过“干中学”所积累的经验和教训，同时也来源于宏观经济学理论不同流派的融合。

第一节　“新共识”货币政策框架的基本内容

在这些文献中，“新共识”货币政策理论也被称为“新新古典综合”（New Neoclassical Synthesis）、新凯恩斯主义（New Keynesian Perspective）或者新维克塞尔主义（Neo Wicksellian）。Goodfriend 和 King（1997）提出了“新新古典综合”（New Neoclassical Synthesis，NNS）的概念，并总结了关于货币政策的一些共识。这些共识主要包括四方面内容：（1）在价格粘性存在的前提下，货币政策不仅对真实经济有影响，而且有时还会持续较长时间；（2）即便存在价格调整成本，长期内通货膨胀和真实经济活动之间也不存在替代（trade-off）关系；

(3) 降低通货膨胀能够提高交易效率，减少相对价格扭曲，从而提升社会福利；(4) 政策可信性对货币政策效果有重大影响。根据“新新古典综合”理论，经济学家提出一整套中性货币政策的基本原则和操作指南。而所谓的中性（neutral）货币政策是指在价格稳定条件下，将产出水平稳定在潜在产出水平的货币政策。这些政策的核心是通过通货膨胀目标制稳定垄断竞争厂商的平均加成比例。

Bean（2007）将“新共识”货币政策理论的主要内容总结为四个方面：(1) 货币政策在总需求管理中发挥主导作用，财政政策主要关注中长期目标；(2) 中央银行应具备独立性；(3) 货币政策应关注最终目标而非中介目标；(4) 货币政策当局应高度重视预期管理和政策可信性。金融危机之后，Bean 等（2010）进一步对上述共识进行扩展，增加了货币政策对抑制资产泡沫无效以及价格稳定和金融稳定相伴共生等内容。

Mishkin（2010）总结了次贷危机之前经济学家所广泛认同的九条所谓“货币政策科学”（science of monetary policy），包括：(1) 通货膨胀无论何时何地都是货币现象；(2) 价格稳定具有重要的福利效应；(3) 长期内通货膨胀和失业率之间不存在替代关系；(4) 预期在决定通货膨胀和货币政策传导中发挥关键作用；(5) 实际利率应该随着通货膨胀率上升而上升；(6) 货币政策面临动态不一致问题；(7) 中央银行独立性有助于提升货币政策效率；(8) 货币政策的核心在于严格盯住名义锚；(9) 金融摩擦在经济周期中发挥重要作用。

关于这些“货币政策科学”的政策含义，Mishkin（2010）还特别指出：首先，“通货膨胀无论何时何地都是货币现象”（源自 Friedman，1963：17），其基本含义是如果将通货膨胀定义为一般价格水平的持续上升，那么持续通货膨胀的最终来源一定是扩张性的货币，而货币当局也应该为通货膨胀承担最终责任。其次，理性预期理论的发展使经济学家意识到货币政策中可以被预期到的部分会产生关键作用，管理预期成为货币政策的一项核心内容。再次，作为一项被广泛采用的货币政策规则，泰勒规则要求货币当局根据通货膨胀缺口和产出缺口来设定政策利率。只有泰勒规则方程中通货膨胀缺口的系数大于1时，该货币政策规则才能起到稳定通货膨胀的作用。最后，货币当局的独立性不仅包括货币政策工具的独立性，还包括政策目标的独立性。

除了以上对“新共识”理论的专门总结之外，在具体的货币政策操作方法上，Blanchard 等（2010）将“新共识”货币政策的特征简单概括为单一目标（通货膨胀预期）、单一工具（政策利率）、通过稳定通货膨胀来稳定产出缺口以及将金融监管排除在货币政策框架之外等。尽管主流经济学家对“新共识”的表述各不相同，但基本内容大同小异。

第二节 “新共识”货币政策框架的实践基础和理论源泉

一 “新共识”货币政策框架的政策实践基础

（一）凯恩斯主义货币政策实践的经验

在凯恩斯主义宏观经济学占据主流的时期，熨平经济波动的主要理论依据是菲利普斯曲线。政策工具以相机抉择的财政措施为主，即使在总需求过度膨胀的时期，各国也优先采用收入政策、汇率政策而非货币政策（Bean，2007）。在这一时期，各国货币政策的主要工具是货币供给（或者流动性总量），货币当局通过改变金融机构的流动性来调节利率和信贷，并尽量通过利率平稳化来维持投资稳定。无论是在信贷市场还是外汇市场，货币当局在数量调控与价格调控间往往更倾向于前者。

然而从政策的长期效果来看，相机抉择的模式不仅导致货币政策效果被削弱，并且加剧了产出与通货膨胀的波动性。货币政策当局在通货膨胀目标与就业目标之间频繁摇摆引发通货膨胀和工资水平螺旋式上升。在整个 20 世纪 70 年代，当全球通货膨胀率呈现持续上升局面时，通货膨胀还普遍被认为是由非货币因素造成的。经济学界内部围绕着货币政策的有效性，包括中央银行是否有能力独立抑制通货膨胀、中央银行是否能有效调控通货膨胀预期并以此降低反通货膨胀政策的成本等问题发生了根本性分歧（Goodfriend，2007）。

（二）凯恩斯主义之后的货币政策实践：从货币主义走向“新共识”货币政策框架

20 世纪 70 年代持续的通货膨胀和凯恩斯主义经济学在理论和政策上面临的困境导致其主流地位逐渐被货币主义理论所取代。由于货币主义的推动，通货膨胀在本质上开始被当作是一个货币现象，控制名义总需求因而成为控制通货膨胀的核心。货币主义提供了大量证据表明中央银行有能力应对通货膨胀，这些证据主要包括三大类：第一，长期持续通货膨胀总是与过度货币供给联系在一起；第二，货币数量调控是控制通货膨胀趋势上升的必要且充分条件；第三，即使货币需求函数易变且难以预测，中央银行也可以通过调控现金和银行准备金实现对货币总量的管控，最终控制通货膨胀（Goodfriend，2007）。

货币主义的研究坚定了政策当局反通货膨胀的决心，拉开了20世纪80年代发达国家通过货币政策抑制通货膨胀的序幕。在具体的政策实践中，随着宏观经济学理论研究的深入和政策经验的丰富，各国货币当局在一些具体的政策操作方面又对货币主义进行了扬弃，主要体现在理性预期、货币政策规则和货币政策工具等方面。在这一过程中，一些关于货币政策的基本理念逐渐成为经济学家和政策制定者的共识，一些标志性的政策事件参见表1—1。

第一，货币政策应该为价格稳定负最终的责任。长期高通货膨胀所造成的经济生活混乱使得稳定物价成为20世纪80年代发达经济体中央银行最重要的目标，这决定了“新共识”货币政策框架的基本目标集中在经济稳定（主要是价格稳定）而非其他方面。

第二，中央银行的独立性、承诺的可信性等逐渐成为共识。要增加并保持货币政策对抗通货膨胀的声誉，中央银行必须独立于政府当局以便更严格地执行既定的货币政策目标。通过可信的非通货膨胀货币政策规则，中央银行可以降低公众的通货膨胀预期，从而以较低的就业成本实现价格稳定目标。

第三，除了继续秉持独立性、承诺的可信性这些在货币主义时期已经被初步实践过的原则外，货币政策的透明性也日益广为接受。20世纪90年代之前，各国货币政策执行者很少清楚地阐述其政策目标和策略，并经常采取出乎市场意料的举措调控经济。然而在对抗通货膨胀的具体实践中，各国中央银行逐渐意识到政策框架的透明性同样具有重要的意义。1994年的通货紧缩促使美联储在与公众沟通上做出了历史性的改变。从1994年2月开始，美联储在每次公开市场委员会议后都宣布其基准利率目标，以期通过这种透明的货币政策向公众展示其稳定通货膨胀、就业和长期利率的决心。

第四，中央银行更关注最终目标（主要是通货膨胀）而非政策手段。特别是在具体的货币政策工具选择上，在货币流通速度稳定和可预测假设前提下，货币增长率最初被当作锚定名义总需求的工具。然而由于金融创新等因素导致的货币流通速度的不稳定性使货币增长率被证明不能很好地发挥名义锚的作用，导致英美等国纷纷放弃货币数量目标。英国的货币数量目标最早于1977年由财政大臣Healey提出，并在1979年后成为撒切尔政府宏观政策的核心。由于货币流通速度不稳定，20世纪80年代中期之后英国货币政策名义锚由货币增长率转变为名义汇率稳定，进而在1992年调整为通货膨胀目标制。美国的货币数量政策目标也遭遇了类似的问题，1994年美联储宣布将货币政策中间目标由货币数量改为联邦基金利率（Bean等，2010）。一个例外是在德国中央银行和欧洲中央银行，货币数量工具仍是其货币政策的主要组成部分。

表1—1 “新共识”框架建立过程中的一些标志性事件

时间	事件及其建立的实践原则
1979年	美联储历史性地公开宣布将通过货币政策控制通货膨胀，中央银行开始承担控制通货膨胀和总需求的主要责任
1981—1983年	美联储通过坚决的紧缩政策成功应对3次通货膨胀恐慌，显示政策可信性对稳定通货膨胀预测的作用
20世纪80年代末起	由于货币总量的易变性，多国中央银行（包括新西兰、加拿大、英国、芬兰、瑞典、澳大利亚等）放弃货币中间目标，货币政策框架从货币数量目标过渡到通货膨胀目标
1994年	美联储自2月起于每次公开市场委员会会议后公布联邦基金利率目标值；从而迈出了改善公众沟通的历史性步伐
2001年	美联储应对衰退的经验表明：低通货膨胀目标的可信性能够有效加强货币政策治理经济衰退的能力

二 “新共识”货币政策框架的理论源泉

“新共识”货币政策框架的形成过程本身就是理论研究和政策实践相互促进的过程。货币主义、理性预测和动态不一致性理论的早期研究成果促使美联储采取紧缩的货币政策抑制通货膨胀；而美联储反通货膨胀实践的成功又极大地促进了学术界对货币政策和经济周期理论的深入研究，特别是在理性预期计量经济学、真实经济周期理论、利率政策以及通货膨胀和失业的动态关系等领域（Goodfriend，2007）。这些领域的快速发展以及通过计算机求解动态随机宏观经济学模型方法的进步为后来“新共识”货币政策框架的诞生奠定了基础。

“新共识”货币政策框架被概括为包括新凯恩斯主义菲利普斯曲线、动态 IS 曲线和泰勒规则三个部分。每个方程都显示出宏观经济理论不断发展的历史进程。早在 20 世纪 80 年代早期，“新共识”货币政策框架中的部分理论基础已具雏形，其中包括：价格是通过成本加成方式设定（主要是工资成本）；预期影响价格趋势以及实际产出偏离潜在产出的方向决定通货膨胀走势；等等。然而当时在理论上面临的主要困难是如何同时将价格和工资的设定过程、理性预期、货币政策传导机制以及影响经济周期的实际因素纳入统一的动态货币分析框架中。

在技术方法上，“新共识”货币政策框架的产生得益于新古典宏观经济学和凯恩斯主义宏观经济学的融合以及由真实经济周期模型（RBC）发展起来的动态随机一般均衡（DSGE）分析框架。动态随机一般均衡分析框架已经成为宏观经济模型的主流模式。20 世纪 80 年代开始兴起的真实经济周期模型（RBC）对日后宏观经济学的研究方法产生了极大地影响（Kydland 和 Prescott，1982；King、Plosser 和 Rebelo，1988）等。与之前凯恩斯主义宏观经济学模型不同，RBC 模型是建立在包含微观主体最优化行为的一般均衡分析框架基础之上的。早期的 RBC 模型主要是在完全竞争、价格和工资弹性等新古典模型假设下研究真实要素（包括技术冲击、政府支出和贸易条件）对经济周期的影响，并将经济周期性波动解释为居民对外生冲击的最优反应。随着新凯恩斯主义的兴起，包括非完全竞争、工资和价格粘性等凯恩斯主义理论的特征也慢慢渗透到 RBC 模型中去。Calvo（1983）所提出的交错定价模型得到了广泛应用。Blanchard 和 Kiyotaki（1987）研究了非完全竞争、粘性工资与价格假设下的 RBC 模型，特别是总需求对产出的影响，从而为早期的研究向“新共识”政策框架过渡奠定了基础。Rotemberg 和 Woodford（1991，1992）在一般均衡框架下，研究了非完全竞争 RBC 模型中厂商的内生逆周期成本加成定价行为。在此基础之上，融合了新古典主义模型跨期最优化、理性预期与凯恩斯主义垄断竞争、粘性价格和货币政策干预等特征的新共识货币政策理论框架逐渐形成。

“新共识”货币政策框架的产生得益于货币政策工具理论的发展。在货币主义的理论研究中，政策工具主要是货币数量，而在政策实践中中央银行往往以短期利率作为工具，因此 20 世纪 80 年代早期的理论研究和政策实践存在一定的脱节现象。随着越来越多的中央银行放弃货币数量工具转而采用利率工具，宏观经济学理论上也展开了一场关于货币政策传导机制的争论。一些经济学家（特别是货币主义）认为在实践中以利率作为工具可能导致通货膨胀上升并放大通货膨胀及其预期的波动性（Goodfriend，2007）。Sargent 和 Wallace（1975）认为在理性预期框架下，中央银行以短期利率作为政策工具将会导致价格水平未定性（indeterminate）现象。McCallum（1981）发现作为用于提供名义锚的政策规则的组成部分，短期利率可以被用作货币政策工具，而且价格水平是可定的（determinate）。在此基础之上，许多学者开始对利率工具的政策实践问题进行研究，其中最著名的当属Taylor（1994）。Taylor所重申的根据产出缺口和通货膨胀缺口调整名义利率的泰勒规则已经成为货币政策研究和实践中最常用的模式。

“新共识”货币政策框架的操作原则还得益于大量关于中央银行信息政策福利效应的研究。这些研究发现公开透明的货币政策往往优于对政策进行保密的传统方式，特别是中央银行想通过可信的政策承诺实现低通货膨胀政策目标时（Goodfriend，1986）。Blinder（1996）强调中央银行的根本任务是维护经济稳定，因此中央银行必须要对其货币政策负最终责任，而独立性和政策透明性是保证中央银行实现根本目标的必要条件。20世纪90年代之后，随着越来越多的国家采取通货膨胀目标制这一货币政策规则，Woodford（2005）和Svensson（2010）也强调了高度的政策透明度是保证通货膨胀目标制得以有效实施的必要条件。如今通过提升货币政策透明性以及与公众进行沟通来增强货币政策可信度和稳定通货膨胀预期已经日益成为中央银行货币政策的重要组成部分和常规做法。

第 二 章

一个简单的“新共识”货币政策模型

第二章将介绍一个比较简单的“新共识”货币政策模型。由于“新共识”货币政策理论已经成为货币政策理论的主流，相近的内容在 Galí（2009）或者 Walsh（2010）的研究中都可以找到。我们的目的在于通过模型比较全面地展现“新共识”货币政策框架隐含的理论假设和政策含义。第一节所介绍的包含货币的新凯恩斯主义 DSGE 模型主要借鉴了 Galí（2009）第三章的内容，并在本章的附录中给出了较为详细的推导过程。

第一节　基本模型

通货膨胀是一般价格水平的持续上升，厂商的定价行为对通货膨胀的决定具有重要意义。在垄断竞争市场上，厂商可以将成本上涨部分传递到价格中去，因此在价格粘性条件下厂商的最优定价行为将是本节模型的重点。

一　家庭的最优化问题

家庭的目标是最大化终生期望效用现值之和，而效用源于消费和休闲。为了与垄断竞争的产品市场相一致，消费者购买的对象被表示成包含多种商品的一个消费品篮子，具体形式为：$C_t = \left(\int_0^1 C_{i,t}^{\frac{\varepsilon-1}{\varepsilon}} di\right)^{\frac{\varepsilon}{\varepsilon-1}}$，$C_{i,t}$ 是第 i 种商品的消费量；该消费品篮子的价格也是由其包含的所有消费品价格决定，$P_t = \left(\int_0^1 P_{i,t}^{1-\varepsilon} di\right)^{\frac{1}{1-\varepsilon}}$，$P_{i,t}$ 是第 i 种商品的价格。

二　厂商的最优化问题

产品市场是由数量众多的厂商构成的垄断竞争市场。每个厂商都面临向下倾斜的产品需求函数：$C_{i,t} = (P_{i,t}/P_t)^{-\varepsilon} C_t$ 。需求价格弹性由消费者的偏好参数 ε 决定，这意味着厂商在设定价格时必须考虑到消费者的偏好，成本上升中只有 $\varepsilon/(\varepsilon-1)$ 的比例可以传递到产品价格中。新凯恩斯主义模型的最大特征是存在价格粘性。借鉴 Calvo（1983）设定粘性价格的方式，假设任意时期每个厂商以 $1-\theta$ 的概率获得重新设定价格的机会，而且该概率独立于上次价格调整后的时间。因此在 t 时期获得重新定价机会的厂商所面临的问题是通过设定价格以最大化此价格预计有效期内所产生的利率的现值。厂商将求解如下问题：

$$\max_{P_t^*} \sum_{k=0}^{\infty} \theta^k E_t\{Q_{t,t+k}[P_t^* Y_{t+k|t} - \Psi_{t+k}(Y_{t+k|t})]\} \tag{2.1}$$

其中 $Y_{t+k|t}$ 表示在 t 时期获得重新设定价格机会的厂商在 $t+k$ 时期的产出。$Q_{t,t+k}$ 是名义支付的随机贴现因子；$\Psi_{t+k}(Y_{t+k|t})$ 表示生产成本函数，P_t^* 是厂商所要设定的最优价格。

经过简化后的产商最优条件可以表示为：

$$\sum_{k=0}^{\infty} \theta^k E_t\{Q_{t,t+k} Y_{t+k|t}[P_t^* - \omega \Psi'_{t+k|t}(Y_{t+k|t})]\} = 0 \qquad (2.2)$$

其中 $\Psi'_{t+k|t}(Y_{t+k|t})$ 表示名 $t+k$ 时期名义边际成本，而 $\omega = \varepsilon/(\varepsilon - 1)$ 为厂商的边际成本加成比例。方程（2.2）刻画了 t 时期重获定价机会的厂商的最优定价行为。定义从 $t-1$ 到 $t+k$ 时期累计价格增长指数为：$\prod_{t-1,t+k} = P_{t+k}/P_{t-1}$，将方程（2.2）除以 P_{t-1} 得到：

$$\sum_{k=0}^{\infty} \theta^k E_t\left\{Q_{t,t+k} Y_{t+k|t}\left[\frac{P_t^*}{P_{t-1}} - \omega MC_{t+k|t} \prod_{t-1,t+k}\right]\right\} = 0 \qquad (2.3)$$

其中，$MC_{t+k|t} = \Psi'_{t+k|t}(Y_{t+k|t})/P_{t+k}$，表示在 t 时期获得重新定价机会的厂商在 $t+k$ 时期的实际边际成本。将方程（2.3）在零通货膨胀稳态附近进行一阶泰勒展开，并以小写字母表示大写变量的自然对数得到：

$$p_t^* - p_{t-1} = (1-\beta\theta)\sum_{k=0}^{\infty} (\beta\theta)^k E_t\{\widehat{mc}_{t+k|t} + (p_{t+k} - p_{t-1})\} = 0 \qquad (2.4)$$

其中 $\widehat{mc}_{t+k|t} = mc_{t+k|t} - mc$ 表示实际边际成本偏离其稳态值的百分比。在零通货膨胀稳态中，$P_t^*/P_{t-1} = 1$ 且 $\prod_{t-1,t+k} = 1$。[①] 价格水

① 需要注意的是，该方程是在零通货膨胀稳态处近似得到的。现实中，无论发达国家还是发展中国家通货膨胀的长期平均值都远高于零。这是导致该模型遭到批评的一方面原因，下文会有专门的讨论。

平不变意味着在稳态时有 $P_t^* = P_{t+k}$ 。由于所有的厂商都生产相同数量的产出，因此产出和边际成本都固定在稳态水平上，即 $Y_{i,t+k|t} = Y$ 和 $MC_{t+k|t} = MC$ 。稳态中还有 $Q_{t,t+k} = \beta^k$ ，$MC = 1/\omega$，即名义边际成本等于加成比例的倒数。定义 $\mu = \ln\omega$，可以将方程（2.4）进一步整理为：

$$p_t^* = \mu + (1 - \beta\theta) \sum_{k=0}^{\infty} (\beta\theta)^k E_t\{\widehat{mc}_{t+k|t} + p_{t+k}\} \qquad (2.5)$$

该定价方程意味着厂商将会根据当前和预期的名义边际成本 $\{\widehat{mc}_{t+k|t} + p_{t+k}\}$，通过加权平均的方式进行定价。

三　模型的宏观特征

在考察了“新共识”模型的微观基础之后，我们回到模型的宏观层面。宏观经济学中最基本的分析框架是总供给和总需求框架。在凯恩斯主义传统中总需求通过产品市场均衡条件（IS 曲线）和货币市场均衡条件（LM 曲线）得到；短期总供给曲线则体现为菲利普斯曲线。“新共识”理论框架在经济主体最优化基础之上，结合理性预期和价格粘性，用新凯恩斯主义菲利普斯曲线（New Keynesian Phillips Curve，NKPC）取代传统的菲利普斯曲线；用反映总需求跨期替代的动态 IS 曲线代替传统的静态 IS 曲线；而体现了通货膨胀目标制的泰勒规则则取代了以货币总量作为政策工具的货币市场均衡条件 LM 曲线。

（一）总体价格水平及通货膨胀的决定

我们首先来考察模型中总体价格水平是如何确定的。利用所有重新设定价格的厂商都设定相同价格的假设，可以得到：

$$P_t = \left[\theta P_{t-1}{}^{1-\varepsilon} + (1-\theta)\, P_t^{*\,1-\varepsilon}\right]^{\frac{1}{1-\varepsilon}} \tag{2.6}$$

上式除以 P_{t-1} 得到通货膨胀表达式：$\prod_t^{1-\varepsilon} = \left[\theta + (1-\theta)\left(\frac{P_t^*}{P_{t-1}}\right)^{1-\varepsilon}\right]$，在零通货膨胀稳态处线性化可以得到通货膨胀率的表达形式：$\pi_t = (1-\theta)(p_t^* - p_{t-1})$。

（二）总供给曲线：新凯恩斯主义菲利普斯曲线

在“新共识”框架中，总供给曲线由新凯恩斯主义菲利普斯曲线表示。为了得到新凯恩斯主义菲利普斯曲线，模型从以下两个方面着眼：一个是从边际成本向通货膨胀传导的成本推动渠道；另一条是从总需求通过产出缺口向通货膨胀传导的需求拉动渠道。不过与传统理解的需求拉动渠道不同，该渠道在传导过程中也要经过要素价格和边际成本上升的中间环节。

首先，正如方程（2.5）和（2.6）所表现出来的，通货膨胀是厂商基于当前和未来名义边际成本的预期进行自主价格决策所导致的结果，也就是存在一条从边际成本及其预期的变化向价格和通货膨胀的传导渠道，即：$mc \to \pi$。给定生产函数的具体形式，利用产品市场出清条件可以得到通货膨胀与实际边际成本之间的关系：$\pi_t = \beta E_t\{\pi_{t+1}\} + \lambda \widehat{mc}_t$，其中 λ 是模型中参数的函数，β 是贴现因子。由于

$\beta<1$，该方程前向求解可将通货膨胀表示为当前和预期未来实际边际成本偏离其稳态值的贴现和：$\pi_t=\lambda\sum_{k=0}^{\infty}\beta^k E_t\{\widehat{mc}_{t+k}\}$。这条从边际成本传向价格和通货膨胀的渠道实际上是生产角度的成本推动通货膨胀的渠道。

其次，我们还可以得到一条将产出缺口和边际成本进而与通货膨胀联系起来的需求拉动传导渠道，即 $\tilde{y}\rightarrow mc\rightarrow\pi$。在“新共识”货币政策框架下，产出缺口定义为实际产出与价格弹性时产出水平的对数差，即 $\tilde{y}_t=y_t-y_t^n$，y_t^n 是价格弹性时产出的自然对数。在消费者的最优化问题中，消费与休闲（就业）的边际效用之比等于实际工资。市场均衡时消费量等于产出，通过生产函数可以将边际成本表示成就业和实际工资的函数。[①] 因此当产品需求增加导致劳动需求增加时，边际成本随工资和劳动的负效用上升而上升。因此可以得到边际成本和产出之间的正向函数关系：$mc_t=\left(\sigma+\frac{\varphi+\alpha}{1-\alpha}\right)y_t-\frac{1+\varphi}{1-\alpha}a_t-\ln(1-\alpha)$，其中 α、σ、φ 等为模型中的参数，详见附录。由此可见，产出（需求）越高，厂商的边际成本越高。进一步可以得到产出缺口（$\tilde{y}_t$）和边际成本缺口的函数关系 $\widehat{mc}_t=\left(\sigma+\frac{\varphi+\alpha}{1-\alpha}\right)\tilde{y}_t$ 与新凯恩斯主义菲利普斯曲线，见方程（2.7）。

$$\pi_t=\beta E_t\{\pi_{t+1}\}+\kappa\tilde{y}_t \tag{2.7}$$

① 为了简便的目的，Galí（2009）的模型中假设没有资本。

（三）产品市场出清条件：动态 IS 曲线

将产品市场出清条件代入消费者的跨期最优化方程，剔除实际利率和产出的自然率水平之后可以得到动态 IS 曲线，这条曲线刻画了产出缺口随实际利率产生的跨期替代，见方程（2.8）。

$$\tilde{y}_t = E_t\{\tilde{y}_{t+1}\} - \frac{1}{\sigma}[i_t - E_t\{\pi_{t+1}\} - r_t^n] \tag{2.8}$$

其中，r_t^n 是自然利率水平。动态 IS 曲线可以看作产品市场的动态出清条件。

（四）货币市场出清条件：泰勒规则

自 20 世纪 80 年代之后，发达国家普遍使用货币政策规则替代相机抉择政策框架，并且以政策利率取代货币数量作为货币政策工具，因此在“新共识”框架下货币市场出清条件（LM 曲线）通常以泰勒规则表示，见方程（2.9）。v_t 表示随机货币政策冲击。

$$i_t = \rho + \phi_\pi \pi_t + \phi_y \tilde{y}_t + v_t \tag{2.9}$$

在泰勒规则中，货币政策要对通货膨胀率和产出缺口做出反应。这体现出货币政策的双重目标，即维持就业和通货膨胀双重稳定。

方程（2.7）、（2.8）和（2.9）就是“新共识”货币政策的核心框架。经济学家在实践中不断对上述核心框架不断进行完善，例如结合部分宏观变量所表现出来的惯性以及具体的政策实践，Meyer

（2001）在封闭条件下将“新共识”货币政策框架进行了扩展，并在各方程中增加了随机冲击，见方程（2.10）—（2.12），分别对应新凯恩斯主义菲利普斯曲线、动态 IS 曲线和泰勒规则。

$$\pi_t = \alpha_1 \tilde{y}_t + \alpha_2 \pi_{t-1} + \alpha_3 E_t(\pi_{t+1}) + \varepsilon_t \tag{2.10}$$

$$\tilde{y}_t = \beta_1 \tilde{y}_{t-1} + \beta_2 E_t(\tilde{y}_{t+1}) - \beta_3[i_t - E_t(\pi_{t+1})] + \epsilon_t \tag{2.11}$$

$$i_t = r_t^n + \gamma_1 E_t(\pi_{t+1}) + \gamma_2 \tilde{y}_{t-1} + \gamma_3(\pi_{t-1} - \pi^T) \tag{2.12}$$

其中方程（2.10）—（2.12）中 α_i、β_i 和γ_i 是模型参数，此处 ε_t 和 ϵ_t 是随机冲击。

对于方程（2.10）—（2.12）和方程（2.7）—（2.9）的差别，可以大致看出经济学家在理论研究和货币政策实践基础上对经典“新共识”货币政策框架的改进，而这些改进又主要集中在新凯恩斯菲利普斯曲线上。由于典型的新凯恩斯菲利普斯曲线无法解释现实中普遍存在的通货膨胀持续性问题（inflation persistence），因此模型中刻意增加了通货膨胀的滞后值 π_{t-1}，由此得到的混合菲利普斯曲线（Hybrid Philips curve）。同时在方程（2.10）中往往要求参数 α_2 和 α_3 之和为 1，以此表明长期内通货膨胀对产出没有影响。ε_t 代表供给冲击，虽然在方程中加入随机冲击的操作貌似简单，但这是为了保证面临供给冲击时产生货币政策在稳定产出和稳定通货膨胀面临两难选择的必要条件。

在方程（2.11）中增加了产出缺口的滞后项 $\tilde{y}_{t-1}$，以此兼容产出缺口存在惯性的客观事实。需要强调的是，在方程（2.11）中出现的是短期实际利率 $[i_t - E_t(\pi_{t+1})]$，但无论是理论模型还是货币政策中，影响总需求的都是长期实际利率，因此该方程隐含（或者掩盖）了短期利率向长期利率的传导过程，即收益率曲线（yield curve）。方程（2.12）中 r_t^n 是均衡实际利率，π^T 是货币当局的目标通货膨胀率。

第二节 “新共识”货币政策理论模型的基本特征

一 “新共识”货币政策模型的基本特征

通过上一节模型的梳理，我们发现“新共识”货币政策模型框架的一些基本特征。

第一，作为“新共识”货币政策模型的核心组成部分，新凯恩斯菲利普斯曲线和动态 IS 曲线都是基于微观主体最优化行为得到的。这使得“新共识”货币政策框架具有坚实的微观基础，体现出与传统凯恩斯主义菲利普斯曲线和 IS 曲线的差异。

第二，在模型的推导过程中，包含了垄断竞争和价格粘性等市场摩擦因素，这些都是新凯恩斯主义模型的特征。在新凯恩斯主义模型中，货币政策之所以有效与市场摩擦具有密切关系。在价格粘性前提下，中央银行可以通过调控名义利率改变实际利率，进而影响总需求，这正是“新共识”货币政策模型中的政策传导机制。

第三，在“新共识”货币政策模型中不存在代表货币数量的变量，从本质上来说，该模型是一个典型的无货币模型（cashless model）。从理论上说，在市场经济环境下，货币政策当局仅能决定政策利率和货币当中的一个变量，而另外一个变量则由市场内生决定。例如在传统凯恩斯经济学中 LM 曲线 $(M/P) = L(i,Y)$ 中，货币政策当局是通过控制货币数量 M 来间接调控利率。在 LM 曲线中，M 是外生变量，而 i 是内生变量。而在泰勒规则中，利率成为货币政策的操作工具，货币政策当局通过调整政策利率影响货币需求，进而决定货币数量 M 。因此，i 是外生变量，而 M 是内生变量。可以在经典的“新共识”货币政策模型中加入一个货币市场供给与需求相等的条件。事实上，在 Galí（2009）教科书的第二章中加入了一个外生的货币需求函数，也可以得到一个均衡的货币数量。但是经典模型中，货币数量如果不能影响实际利率的话，本身是不会对总需求产生影响的。关于在货币政策模型中是否应包含货币数量指标目前仍然是存在争议的问题，在下文中将会进行详细的分析。

第四，通货膨胀预期被明确地纳入货币政策规则中，见方程(2.12)。如果中央银行能够稳定并降低公众的通货膨胀预期，那么就可以以较小产出损失降低通货膨胀水平，这个渠道被称为货币政策的预期管理渠道。预期管理已成为货币政策的核心内容之一（Woodford，2003）。[①] 通过设定通货膨胀目标，可以提升货币政策的透明度，有利于货币政策目标的实现。通货膨胀目标制规则在次贷危机之前被普遍认为是迄今最完备的货币政策框架（Issing，2011）。

二　对“新共识”货币政策模型的批评意见

尽管“新共识”货币政策框架是建立在微观经济基础之上的，也反映了20世纪80年代之后货币政策实践和理论研究的新成果，但也

---

① 在通货膨胀目标制下，中央银行对通货膨胀的预测（forecast）会对公众通货膨胀预期（expectation）产生重大影响。由于利率传导存在时滞等原因导致中央银行无法完全控制通货膨胀水平，因此在实际操作过程中货币政策的中介目标是中央银行对通货膨胀的预测值（Svensson，1997、1999；Arestis，2009）。

不断受到质疑和批评。

继承了新古典经济学的传统，“新共识”货币政策框架假定金融市场是完美的，不存在货币和金融中介，利率也只有一个。虽然产品市场均衡条件（2.11）是建立在经济主体跨期优化基础之上，但这些最优化隐含着经济中不存在信用风险和债务拖欠的假设前提。这意味着所有理性的经济人都是完全守信的，私人债务（IOU）在交易中被完全接受。由于货币本质上是政府对私人的债务，既然不存在信用风险和债务拖欠，那么私人债务可以完全替代政府债务，因此该模型中没有货币存在的空间。

该模型还进一步假设所有金融资产都是相同的，因而仅需要一个利率。更重要的是，由于资本市场被假定是完美的，所有个人或厂商均不受流动性约束，因而既不需要金融中介机构（商业银行或者非银行金融中介机构），也不需要货币。不仅如此，由于模型中没有金融部门，也就不存在金融风险，更毋庸涉及金融监管等问题。

Meltzer（2012）认为“新共识”货币政策框架虽然精巧，但其中既没有中央银行资产负债表，没有货币和信贷，也没有资产价格等变量，无法刻画宏观传导机制，不适宜用作货币政策的指导框架。货币政策模型不包含货币总量会造成重大误导么？一些主流经济学家对此进行了辩解。Galí 和 Gertler（2007）指出在“新共识”框架下货币的作用仅限于计价单位，总需求的决定因素是短期利率，与实际货币余额无关，加之货币在总财富中的比重较低，因此货币在模型中被忽略。Woodford（2007）也对未包含货币的货币政策框架进行了辩解：第一，从政策效果看，模型忽略货币并不必然导致类似 20 世纪 70 年代高通货膨胀现象发生；第二，不包含货币的模型不仅可以决定通货膨胀水平，并且与经济学基本理论相符；第三，货币和通货膨胀长期内的稳定关系不能为否定无货币政策框架提供有力支持；第四，作者还从单纯依赖基于菲利普斯曲线进行通货膨胀预测的货币政策在反通货膨胀方面不可靠的原因方面进行了反驳。Woodford（2009）认为在“新共识”货币政策框架下，中央银行可以实现与最优利率水平相匹配的任意货币存量，货币供给是内生决定的，因而不需要出现在模型中。同时应该注意到，虽然一些经济学家，特别是来自欧洲中央银行的经济学家对“新共识”货币政策框架不包含货币和信贷信息进行了大量批评，但必须承认的是如何在货币政策规则中加入货币（信贷）指标仍然是项艰巨的工作。

◇◇附录　一个包含货币的新凯恩斯主义 DSGE 模型

在本附录中，我们将详细给出本章正文中模型的推导过程。

一　家庭的最优化问题

假定在无限期模型中代表性家庭的效用函数为：$E_0\sum_{t=0}^{\infty}\beta^t U(C_t, N_t)$，其中，$C_t$ 为消费品篮子，N_t 为劳动时间。消费品篮子的具体形式为：$C_t \equiv \left(\int_0^1 C_{i,t}^{\frac{\varepsilon-1}{\varepsilon}}di\right)^{\frac{\varepsilon}{\varepsilon-1}}, i\in[0,1]$，$C_{i,t}$ 为第 i 种产品的消费量。家庭面临的单期预算约束为：$\int_0^1 P_{i,t}C_{i,t}di + Q_t B_t \leqslant B_{t-1} + W_t N_t + T_t$。其中 $P_{i,t}$ 为商品 i 的价格，B_t 为以价格 Q_t 购买的单期债券的数量，T_t 表示其他形式的一揽子收入。代表性家庭的决策分为两部分：一是选择劳动

供给，二是决定商品篮子中不同产品的消费量。

（一）家庭对 $C_{i,t}$ 的选择

给定购买消费品的总支出为 Z_t，在此约束下最大化消费品篮子的数量可以得到对于任意两种商品 $i,j \in [0,1]$，有 $C_{i,t} = C_{j,t}\left(\frac{P_{i,t}}{P_{j,t}}\right)^{-\varepsilon}$。代回消费支出方程 $\int_0^1 P_{i,t}C_{i,t}di = Z_t$ 可以得到 $C(i)_t = \left(\frac{P_{i,t}}{P_t}\right)^{-\varepsilon}\frac{Z_t}{P_t}$，其中 P_t 是消费篮子所对应的价格指数 $P_t \equiv \left(\int_0^1 P_{i,t}^{1-\varepsilon}di\right)^{\frac{1}{1-\varepsilon}}$。由于 $\int_0^1 P_{i,t}C_{i,t}di = P_tC_t = Z_t$，合并上述两个方程可以得到对于消费品 i 的需求函数：

$$C_{i,t} = \left(\frac{P_{i,t}}{P_t}\right)^{-\varepsilon}C_t \qquad (A.2.1)$$

（二）家庭的劳动供给及动态最优化行为

将家庭的预算约束简化为 $P_tC_t + Q_tB_t \leqslant B_{t-1} + W_tN_t + T_t$，可以得到家庭消费的 Euler 方程和劳动供给最优条件，分别为 $Q_t = \beta E_t\left[\frac{U_{c,t+1}}{U_{c,t}}\frac{P_t}{P_{t+1}}\right]$ 和 $-\frac{U_{n,t}}{U_{c,t}} = \frac{W_t}{P_t}$。如果假定瞬间效用函数的形式为 $U(C_t,N_t) = \frac{C_t^{1-\sigma}}{1-\sigma} - \frac{N_t^{1+\varphi}}{1+\varphi}$，进一步可将上述最优条件表示为如下对数线性形式：

$$w_t - p_t = \sigma c_t + \varphi n_t \qquad (A.2.2)$$

$$c_t = E_t(c_{t+1}) - \frac{1}{\sigma}[i_t - E_t(\pi_{t+1}) - \rho] \qquad (A.2.3)$$

其中 $i_t \equiv -\ln Q_t$ 表示短期的名义利率，$\rho \equiv -\ln\beta$ 表示贴现率，小写字母表示原始变量的对数值。

二　厂商的最优化问题

在产品差异化的情况下，数量众多的厂商构成一个垄断竞争市场，每个厂商面临如（A.2.1）所示的向下倾斜的产品需求曲线，并将总价格水平 P_t 和总消费指数 C_t 看作是给定的。假设所有厂商在[0,1]内连续分布，生产函数为 $Y_{i,t} = A_t N_{i,t}^{1-\alpha}$，为了简化目的，假定模型中不含有资本。

假设存在价格粘性，在任一时期厂商以概率 $1-\theta$ 重新设定价格。[①] 假设上一期所有厂商的定价均相同 $P_{i,t-1} = P_{t-1}$，令 $S(t) \subset [0,1]$ 表示在时期 t 没有机会重新优化价格的厂商集合，利用价格总水平的定义以及所有重新设定价格的厂商都选择相同价格的事实可得第 t 期的总价格水平：

$$P_t = \left[\int_{S(t)} P_{i,t-1}^{1-\varepsilon} di + (1-\theta)(P_t^*)^{1-\varepsilon}\right]^{\frac{1}{1-\varepsilon}}$$

$$= \left[\theta P_{t-1}^{1-\varepsilon} + (1-\theta)(P_t^*)^{1-\varepsilon}\right]^{\frac{1}{1-\varepsilon}}$$

---

① 在新凯恩斯主义模型中，价格粘性的设定通常有状态依存（state-dependent）和时间依存（time-dependent）两种方式。其中状态依存价格设定模式是指厂商根据成本收益分析决定是否调整价格，价格粘性的持续期因而也是内生决定的。由于该价格粘性设定下模型求解困难，因而未被广泛采用。时间依存粘性价格设定模式假设厂商（或家庭）根据外生的时间间隔调整价格（或工资），与经济状况无关。经典的时间依存价格设定模型包括 Taylor（1980）固定周期粘性工资合同模型和 Calco（1983）随机时间依存价格设定模型。

其中，P_t^* 表示厂商设定的价格，等式两边同除以 P_{t-1} 并整理可得：

$$\prod_t^{1-\varepsilon} = \theta + (1-\theta)\left(\frac{P_t^*}{P_{t-1}}\right)^{1-\varepsilon} \tag{A.2.4}$$

其中，$\prod_t \equiv P_t/P_{t-1}$ 表示在 t－1 到 t 期之间的总通货膨胀率。在零通货膨胀$\left(\prod_t = 1\right)$的稳态中，$P_t = P_{t-1} = P_t^*$，将（A.2.4）在零通货膨胀稳态处对数线性化得：

$$\pi_t = (1-\theta)(p_t^* - p_{t-1}) \tag{A.2.5}$$

其中，小写字母表示大写字母的对数，出于利润最大化的原则，在 t 时期获得重新定价机会的厂商将求解如下问题：

$$\max_{P_t^*}\left[\sum_{k=0}^{\infty}\theta^k E_t\{Q_{t,t+k}[P_t^* Y_{t+k|t} - \Psi_{t+k}(Y_{t+k|t})]\}\right], k = 0,1,2,\cdots$$

其中 $Y_{t+k|t}$ 表示 t 时期重新设定价格的厂商在 t + k 时期的产出；$Q_{t,t+k} \equiv \beta^K\left(\frac{C_{t+k}}{C_t}\right)^{-\sigma}\left(\frac{P_t}{P_{t+k}}\right)$ 是名义支付的随机贴现因子；$\Psi_{t+k}(Y_{t+k|t})$ 是生产成本函数，并且满足产品市场约束条件：

$$Y_{t+k|t} = \left(\frac{P_t^*}{P_{t+k}}\right)^{-\varepsilon} C_{t+k} = \left(\frac{P_t^*}{P_{t+k}}\right)^{-\varepsilon} Y_{t+k} \tag{A.2.6}$$

重新定价厂商的一阶条件为：

$$\sum_{k=0}^{\infty} \theta^k E_t \{ Q_{t,t+k} Y_{t+k|t} [P_t^* - \omega \Psi'_{t+k}(Y_{t+k|t})] \} = 0 \quad (A.2.7)$$

其中，$\Psi'_{t+k}(Y_{t+k|t})$ 表示在 t 时期设定价格的厂商在时期 $t+k$ 的名义边际成本，价格加成比例为 $\omega = \varepsilon/\varepsilon - 1$ 。定义从 $t-1$ 到 $t+k$ 时期累计价格指数为 $\prod_{t-1,t+k} \equiv P_{t+k}/P_{t-1}$ 。将方程（A.2.7）除以 P_{t-1} 得到：

$$\sum_{k=0}^{\infty} \theta^k E_t \left\{ Q_{t,t+k} Y_{t+k|t} \left(\frac{P_t^*}{P_{t-1}} - \omega MC_{t+k|t} \prod_{t-1,t+k} \right) \right\} = 0$$

（A.2. 8）

其中，$MC_{t+k|t} = \Psi'_{t+k|t} / P_{t+k}$，表示在 t 时期定价的厂商在 $t+k$ 时期的实际边际成本。

在零通货膨胀稳态中，$P_t^* / P_{t-1} = 1$ 且 $\prod_{t-1,t+k} = 1$ 。价格水平不变意味着在稳态时有 $P_t^* = P_{t+k}$ 。由于所有的厂商都生产相同数量的产出，因此产出和边际成本都固定在稳态水平：$Y_{t+k|t} = Y$ 和 $MC_{t+k|t} = MC$ 。稳态中还有 $Q_{t,t+k} = \beta^k$，相应的，$MC = 1/\omega$，将方程（A.2.8）在零通货膨胀稳态附近进行一阶泰勒展开，得到：

$$p_t^* - p_{t-1} = (1 - \beta\theta) \sum_{k=0}^{\infty} (\beta\theta)^k E_t \{ \widehat{mc}_{t+k|t} + (p_{t+k} - p_{t-1}) \}$$

（A.2.9）

其中，$\widehat{mc}_{t+k|t} = mc_{t+k|t} - mc$ 表示实际边际成本偏离其稳态值的百分比，定义 $\mu = \ln\omega$，可以将方程（A.2.9）进一步整理为：

$$p_t^* = \mu + (1 - \beta\theta)\sum_{k=0}^{\infty} (\beta\theta)^k E_t\{mc_{t+k|t} + p_{t+k}\} \quad (A.2.10)$$

该方程意味着重新设定价格的厂商会在当前和预期名义边际成本的加权平均的基础上进行加成。

三　市场出清

产品市场出清要求对于所有商品满足 $Y_{i,t} = C_{i,t}$，对于总产出相应的有 $Y_t = C_t$，其中总产出为 $Y_t \equiv \left(\int_0^1 Y_{i,t}^{\frac{\varepsilon-1}{\varepsilon}} di\right)^{\frac{\varepsilon}{\varepsilon-1}}$。将产品市场均衡条件和消费者的 Euler 方程（A.2.3）联立可以得到跨期产出均衡条件：

$$y_t = E_t(y_{t+1}) - \frac{1}{\sigma}[i_t - E_t(\pi_{t+1}) - \rho] \quad (A.2.11)$$

劳动力市场出清要求 $N_t = \int_0^1 N_{i,t} di$，结合生产函数、单个产品的市场出清条件 $Y_{i,t} = C_{i,t}$ 以及产品需求函数（A.2.1）可得：$N_t = \int_0^1 \left(\frac{Y_{i,t}}{A_t}\right)^{\frac{1}{1-\alpha}} di = \left(\frac{Y_t}{A_t}\right)^{\frac{1}{1-\alpha}} \int_0^1 \left(\frac{P_{i,t}}{P_t}\right)^{-\frac{\varepsilon}{1-\alpha}} di$。对该方程两边取对数得到：$(1 - \alpha) n_t = y_t - a_t + d_t$，其中，$d_t \equiv (1 - \alpha)\ln\int_0^1 (P_{i,t}/P_t)^{-\frac{\varepsilon}{1-\alpha}} di$，表示价格离散程度。可以证明在零通货膨胀稳态附近 d_t 近似为零，由此可得总

产出、就业与技术之间的近似关系式：

$$y_t = a_t + (1-\alpha)n_t \tag{A.2.12}$$

四　新凯恩斯主义菲利普斯曲线

（一）通货膨胀的成本推动渠道

由方程（A.2.5）、（A.2.9）和（A.2.10）可知，通货膨胀是由厂商根据边际成本及其预期进行加成定价导致的结果。因此，存在一条从边际成本指向通货膨胀的传导渠道：$mc \to p_i \to \pi$。为了得到经济总体价格指数的变动，首先考察厂商边际成本的变化。定义经济中平均实际边际成本为：

$$\begin{aligned} mc_t &= (w_t - p_t) - mp\,n_t = (w_t - p_t) - (a_t - \alpha n_t) - \log(1-\alpha) \\ &= (w_t - p_t) - \frac{1}{1-\alpha}(a_t - \alpha y_t) - \log(1-\alpha) \end{aligned}$$

其中，$mp\,n_t$ 是经济中劳动的平均边际产品。利用如下事实：

$$mc_{t+k|t} = (w_{t+k} - p_{t+k}) - \frac{1}{1-\alpha}(a_{t+k} - \alpha y_{t+k|t}) - \log(1-\alpha)$$

可以得到：

$$mc_{t+k|t} = mc_{t+k} + \frac{\alpha}{1-\alpha}(y_{t+k|t} - y_{t+k}) = mc_{t+k} - \frac{\alpha\varepsilon}{1-\alpha}(p_t^* - p_{t+k}) \tag{A.2.13}$$

其中，第二个等式源于需求函数和产品市场均衡条件。将（A.2.13）代入（A.2.9）并重新整理得到：

$$p_t^* - p_{t-1} = (1-\beta\theta)\sum_{k=0}^{\infty}(\beta\theta)^k E_t\{\Theta\widehat{mc}_{t+k} + (p_{t+k} - p_{t-1})\}$$
$$= (1-\beta\theta)\Theta\sum_{k=0}^{\infty}(\beta\theta)^k E_t\{\widehat{mc}_{t+k}\} + \sum_{k=0}^{\infty}(\beta\theta)^k E_t\{\pi_{t+1}\}$$

其中，$\Theta \equiv \frac{1-\alpha}{1-\alpha+\alpha\varepsilon} \leqslant 1$，将上式展开求和整理可得如下的差分方程：

$$p_t^* - p_{t-1} = \beta\theta E_t\{p_{t+1} - p_t\} + (1-\beta\theta)\Theta\widehat{mc}_t + \pi_t \tag{A.2.14}$$

合并（A.2.5）和（A.2.14）可得如下通货膨胀方程：

$$\pi_t = \beta E_t\{\pi_{t+1}\} + \lambda\widehat{mc}_t \tag{A.2.15}$$

其中，$\lambda \equiv \frac{(1-\theta)(1-\beta\theta)}{\theta}\Theta$，该参数关于价格粘性指标 θ 、规模报酬递减参数 α 以及需求弹性 ε 是严格递减的。向前求解（A.2.15）式，可将通货膨胀表示为当前和预期实际边际成本偏离其稳态值的贴现和：

$$\pi_t = \lambda \sum_{k=0}^{\infty} \beta^k E_t\{\widehat{mc}_{t+k}\} \qquad (A.2.16)$$

对于垄断竞争厂商来说，当边际成本偏离其稳态水平后，获得修改价格机会的厂商会重新设定价格，进而带来整体通货膨胀率的变化。

（二）通货膨胀的需求拉动渠道

我们还可以得到将产出缺口和边际成本，进而得出与通货膨胀联系起来的通货膨胀需求拉动渠道：$\tilde{y} \rightarrow mc \rightarrow \pi$。在消费者的最优化问题中，消费与休闲（就业）的边际效用之比等于实际工资。市场均衡时消费量等于产出，通过生产函数可以将边际成本表示成就业和实际工资的函数。因此当产品需求增加导致劳动需求增加时，边际成本随工资和劳动的负效用上升而上升。因此可以得到边际成本和产出（总需求）之间的函数关系。

由家庭劳动供给最优条件和近似的对数总量生产函数进行整理可得：

$$mc_t = (w_t - p_t) - mp\,n_t = (\sigma y_t + \varphi n_t) - (y_t - n_t) - \log(1-\alpha)$$

$$= \left(\sigma + \frac{\varphi + \alpha}{1-\alpha}\right) y_t - \frac{1+\varphi}{1-\alpha} a_t - \ln(1-\alpha) \qquad (A.2.17)$$

由此可见产出越高，厂商的边际成本越高。进一步定义产出的自然率水平 y_t^n 为不存在价格粘性时的产出水平。当价格灵活时，实际边际成本是常数，由 $mc = -\mu$ 给出，并且有：

$$mc = \left(\sigma + \frac{\varphi + \alpha}{1 - \alpha}\right) y_t^n - \frac{1 + \varphi}{1 - \alpha} a_t - \ln(1 - \alpha) \quad (A.2.18)$$

利用该方程还可以得到时变的自然产出水平：

$$y_t^n = -\frac{(1 - \alpha)(\mu - ln(1 - \alpha))}{\sigma(1 - \alpha) + \varphi + \alpha} + \frac{1 + \varphi}{\sigma(1 - \alpha) + \varphi + \alpha} a_t \quad (A.2.19)$$

由此可见在“新共识”货币政策模型中，产出的自然率水平是随着技术冲击而不断发生变化的。产出的自然率水平与实际产出之间的差异仅仅是由价格粘性造成的。(A.2.17) 和 (A.2.18) 两式相减可以得到产出缺口和边际成本缺口的函数关系：

$$\widehat{mc}_t = \left(\sigma + \frac{\varphi + \alpha}{1 - \alpha}\right) \tilde{y}_t \quad (A.2.20)$$

其中，产出缺口 $\tilde{y}_t \equiv y_t - y_t^n$。将 (A.2.20) 和 (A.2.15) 合并可得新凯恩斯主义菲利普斯曲线：

$$\pi_t = \beta E_t\{\pi_{t+1}\} + \kappa \tilde{y}_t \quad (A.2.21)$$

其中，$\kappa \equiv \lambda\left(\sigma + \frac{\varphi + \alpha}{1 - \alpha}\right)$，此方程将通货膨胀与当期产出缺口及向前一期的通货膨胀预测值联系起来。被称为新凯恩斯主义菲利普斯曲线。

五　动态 IS 曲线

在方程（A. 2. 11）两边同时减去 y_t^n 并整理可得动态 IS 曲线：

$$\tilde{y}_t = E_t\{\tilde{y}_{t+1}\} - \frac{1}{\sigma}[i_t - E_t\{\pi_{t+1}\} - r_t^n] \qquad (A.2.22)$$

其中，r_t^n 是自然利率水平，$r_t^n \equiv \rho + \sigma E_t(\Delta y_{t+1}^n)$。动态 IS 曲线刻画了产出缺口随实际利率产生的跨期替代，可以看作产品市场的动态出清条件。

第 三 章

“新共识”货币政策的操作规则和政策传导渠道

虽然在“新共识”货币政策框架中，货币政策被简化为泰勒规则，但在实际的政策操作中，货币政策的传导涉及一个漫长的传导过程。2008 年的金融危机更加展示了货币政策传导过程的复杂性。

事实上，“新共识”货币政策框架事实上包含四个方程，而非像第二章中给出的三个方程。除了代表总供给的新凯恩斯菲利普斯曲线（NKPC）和代表货币政策的泰勒规则之外，“新共识”货币政策框架还隐含着一条短期利率向长期利率传导的收益率曲线（yield curve）。此外在代表总需求函数的动态 IS 曲线中，不仅短期实际利率应该为长期实际利率所代替；而且还隐含着货币政策的信贷渠道。在正常情况下，货币政策传导渠道顺畅。但是在金融动荡或者金融危机时期，利率传导不畅，信贷渠道效应使得金融机构和厂商面临流动性约束。这正是金融危机爆发后的情况。

第一节 “新共识”货币政策的操作规则

一 货币政策的工具和目标

货币政策的本质在于通过政策工具实现预期目标。政策传导是个复杂的过程，涉及政策工具和不同层次的政策目标，见图 3—1。

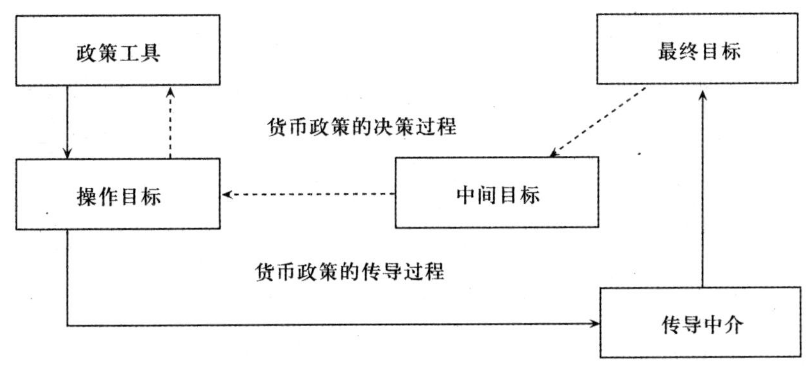

图 3—1 货币政策的决策过程和传导过程

所谓货币政策工具就是中央银行可以直接控制的变量，如公开市场操作、法定存款准备金率、再贷款利率等；而在实施“利率走廊”（Interest Rate Corridor）模式的国家和地区中，货币政策工具还包括贷款和存款便利机制（deposit and loan facilities）的利率。①

而在货币政策实现最终目标的传导过程中需要借助一系列的中间变量，这些中间变量和政策最终要影响的变量就构成了货币政策不同层次的目标。根据 Walsh（2010），货币政策目标可以分为三个层次：操作目标、中间目标和最终目标。

操作目标（operating targets）：操作目标是中央银行货币政策工具可以直接精确影响的变量，如存款准备金总额和短期利率，包括银行间市场上的隔夜拆借利率或者债券市场的短期回购利率等。通常在短期内，中央银行可以相对严格地调控操作目标，因此操作目标也被称

① 关于“利率走廊”模式下文还将详细说明。

为“政策工具”。

最终目标（ultimate targets）：最终目标是货币政策要实现的根本目标，例如泰勒规则中的产出缺口和通货膨胀缺口等。

中间目标（intermediate targets）：中间目标介于中央银行可以精确掌控的政策工具与最终目标之间。由于中央银行通常需要在获得经济运行真实状态的充分信息之前就对货币政策做出调整，而最终目标的统计数据往往频率较低，因此需要设定一些所谓中间目标。中间目标的统计频率通常较高，而且这些变量的变化领先于最终目标变量的变化，可以为预测最终目标的变化提供有用信息，例如货币总量、信贷总量和汇率等。在通货膨胀目标制规则下，通货膨胀预测值可以作为货币政策的中间目标（Svensson 和 Woodford，2007）。

按照中央银行控制变量的难易顺序程度看：依次是政策工具、操作目标、中间目标，最后是最终目标。但是在货币政策的决策过程来看，恰恰是个相反的过程：中央银行从最终目标出发，设定与最终目标相一致的中间目标，再到为实现中间目标所需要的操作目标，最后是政策工具。

需要说明的是，中间目标与货币政策传导过程中所需要的传导中介并不完全一致。中间目标更强调的是其与最终变量的高度相关性和信息优势，可以及时引导货币政策进行调整，降低货币政策的内在决策时滞。然而在货币政策的传导过程中，货币政策工具引导操作目标通过传导中介最终导致最终目标发生变化。货币政策传导中介主要是强调其与最终目标之间存在因果关系而且具有政策有效性，能够在操作目标的作用下引导最终目标发性变化。

二 “新共识”货币政策操作规则的理论基础

在第二章中，“新共识”货币政策框架下的政策规则简化为泰勒规则，但在实际的政策实践中，货币政策要远比此更加复杂。我们将第二章中的方程中的方程（2.11）和（2.12）重新表述为方程（3.1）和（3.2）。

$$i_t = r_t^n + \gamma_1 E_t(\pi_{t+1}) + \gamma_2 \tilde{y}_{t-1} + \gamma_3(\pi_{t-1} - \pi^T) \qquad (3.1)$$

$$\tilde{y}_t = \beta_1 \tilde{y}_{t-1} + \beta_2 E_t(\tilde{y}_{t+1}) - \beta_3[i_t - E_t(\pi_{t+1})] + \epsilon_t \qquad (3.2)$$

其中，方程（3.1）表明货币政策当局如何随通货膨胀预期值 $E_t(\pi_{t+1})$、产出缺口（$\tilde{y}_{t-1}$）与通货膨胀预期目标值的偏离（$\pi_{t-1} - \pi^T$）来调整短期利率（i_t）。（3.2）表明总需求如何受实际利率影响，虽然模型中实际利率表示为短期利率与预期通货膨胀率之差 $[i_t - E_t(\pi_{t+1})]$。但事实上，货币政策当局并非直接控制短期利率，而是通过间接手段，包括公开市场操作或者“利率走廊”模式影响短期利率；此外影响消费和投资需求的不是短期实际利率而是长期实际利率，因此还涉及短期利率向长期利率传导的问题。

（一）政策工具：公开市场操作和“利率走廊”

美国和欧洲货币政策当局调控短期利率的方式并不相同，其中美国是较为熟知的公开市场操作模式；而在欧元区则是通过所谓的“利率走廊”模式。

1. 公开市场操作模式

美联储在20世纪80年代末开始采取公开市场操作的方式来进行短期利率调控。作为美国货币市场基准利率的“联邦基金”利率是银行间同业拆借利率。为了保证商业银行和中央银行之间保持交易，美联储通过公开市场操作来调节商业银行头寸余缺，达到实现“联邦基金”利率与美联储拆借利率同步变动的目的。以公开市场操作为主的利率调控模式参见图3—2。

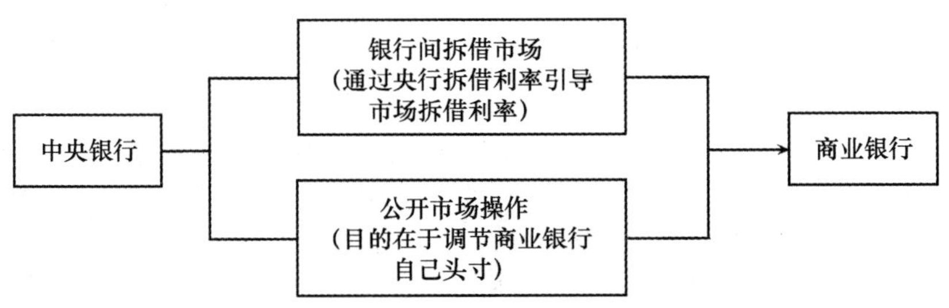

图3—2　以公开市场操作为主的基准利率调控模式

2. “利率走廊”模式

与美国不同，欧元区主要采取“利率走廊”模式调控短期市场利率。所谓“利率走廊”，是分别以中央银行为货币市场提供的贷款利率和存款利率为上下限，以存、贷款利差为走廊宽度，使银行间市场拆借利率向中央银行所设定的目标利率收敛的一种市场基准利率调控体系。

“利率走廊”系统基本原理的研究是从Clinton（1997）对加拿大中央银行在零准备金制度下货币政策操作问题发展而来。在最基本的“利率走廊”系统中，中央银行在银行间市场上向商业银行提供短期贷款与存款的金融工具。商业银行可以以 i^H 的利率向中央银行进行短期借款；同时商业银行也可以以 i^L 的利率将货币资金存入中央银行。当银行间相互拆借资金的利率低于 i^L 时，商业银行可以将多余的资金存入中央银行，获得 i^L 的收益率；而当银行间相互拆借资金的利率高于 i^H 时，需要资金的银行可以以 i^H 的利率从中央银行拆入资金。由此 (i^L, i^H) 分别构成了银行间市场利率的下限和上限，市场利率维持在 (i^L, i^H) 之间，见图 3—3。

Woodford（2001a）分析了“利率走廊”系统中银行间市场上利率的决定机制。在对称式“利率走廊”中，假设不存在法定存款准备金，中央银行向所有准备金存款支付 $i^L = i^* - s$ 的利率，商业银行也可以以 $i^H = i^* + s$ 的利率向中央银行贷款，i^* 是“利率走廊”的中间值。进一步假设中央银行的存款和贷款与商业银行的存款与贷款是完全替代的，因此市场利率 $i^L < i < i^H$，i 是同业拆解利率。商业银行日终头寸为 $T + \varepsilon$，其中 ε 是均值为零的连续随机分布，分布函数为 $F(\cdot)$；T 是商业银行日终头寸的预期值。假设 ε 的实现值在银行间市场关闭之后产生。当 $T + \varepsilon < 0$ 时，商业银行不得不以 i^H 向中央银行借款，与在银行间市场上借入资金相比，机会成本是 $(i^H - i)$。而当 $T + \varepsilon > 0$ 时，商业银行将以 i^L 将资金存入中央银行，与在银行间市场上贷出余额相比，机会成本是 $(i - i^L)$。

商业银行的目标函数是通过选择 T，以实现预期成本最小化：

$$\min_T\left\{\int_{-T}^{\infty}(i - i^L)(T + \varepsilon)dF(\varepsilon) - \int_{-\infty}^{-T}(i^H - i)(T + \varepsilon)dF(\varepsilon)\right\} \tag{3.3}$$

商业银行设定日终预期头寸的最优条件为：

$$\left\{(i-i^L)\int_{-T}^{\infty}dF(\varepsilon)-(i^H-i)\int_{-\infty}^{-T}dF(\varepsilon)\right\}=0 \tag{3.4}$$

用 T^* 表示商业银行持有头寸的最优值，可得 $(i-i^L)\left[1-F(-T^*)\right]-(i^H-i)F(-T^*)=0$，进一步解出：

$$T^* = -F^{-1}\left(\frac{1}{2}+\frac{i-i^*}{2s}\right) \tag{3.5}$$

假设市场上日终净头寸的供给是 $\bar{T}$，市场均衡时有 $T^* = \bar{T}$，由此可以得到市场利率与“利率走廊”中心利率之间的关系为：

$$i = i^* - s\left[1-2F(-\bar{T})\right] \tag{3.6}$$

由此可知：$i^L = i^* - s \leqslant i \leqslant i^* + s = i^H$，即银行间市场利率处于由“利率走廊”中间值（$i^*$）和走廊宽度（$s$）所确定的区间之内。方程（3.5）可以看做是商业银行对准备金的需求函数，可以发现除了在利率 i^H 与 i^L 处之外，商业银行对准备金的需求随着市场利率上升而下降；而在 i^H 与 i^L 处，对准备金的需求则呈现完全弹性（水平状态）。

将商业银行看作一个整体，在图 3—3 中曲线 D 表示商业银行的准备金需求函数；曲线 S 表示准备金的供给函数。由于银行间市场上的准备金完全由中央银行供给，因此在市场均衡处准备金供给曲线是竖直向上的。沿着竖直的供给曲线向上，当利率达到 i^H 时，中央银行承诺提供商业银行所有贷款需求；而沿着竖直的供给曲线向下，当利率达到 i^L 时，中央银行承诺满足商业银行所有的存款需求，因此准备金供给曲线在利率 i^H 与 i^L 处将会变成水平状态。

准备金供给曲线受中央银行公开市场操作影响。当央行通过公开市场增加准备金供给时，供给曲线将会向右移动；反之则向左移动。而商业银行对准备金需求的变化则会导致需求曲线发生移动。无论准备金需求如何波动，即便中央银行不进行公开市场操作，市场利率也总是被控制在“利率走廊”的上下限之间。“利率走廊”系统最大的特点是将利率政策与流动性管理政策相分离，即使不借助公开市场操作，中央银行依然有能力调控货币市场基准利率。

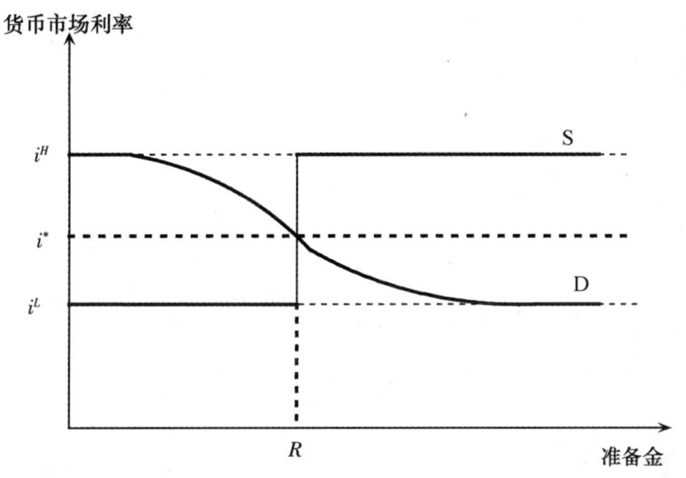

图 3—3　基本的对称“利率走廊”模型

欧洲中央银行在进行利率调控时采取的就是“利率走廊”系统。由于存在法定准备金要求，欧洲中央银行为商业银行提供了日终备用贷款便利机制和存款便利机制（deposit and loan facilities），贷款利率和存款利率分别成为市场隔夜利率的上限和下限。欧洲中央银行不必频繁地进行公开市场操作就可将隔夜拆借利率限制在“利率走廊”之间。除了欧洲中央银行之外，新西兰、加拿大、澳大利亚和英国也都实行类似的机制。①

3. 公开市场操作和“利率走廊”的融合

尽管在理论上，市场利率的调节方式可以区分为公开市场操作和利率走廊两种模式，但在具体实践中，这两种模式实际上是相辅相成、相互融合的。商业银行准备金担负着日间清算的功能，而中央银行传统的公开市场操作模式可能导致准备金数量和货币政策目标之间产生冲突。单纯依赖公开市场操作的传统模式可能会导致市场利率出现剧烈波动，因此中央银行应该实施使货币数量和货币政策目标脱钩（divorcing）的政策框架，其基本思路是通过对准备金付息去除商业银行持有准备金的机会成本，从而使准备金数量与利率目标脱钩。

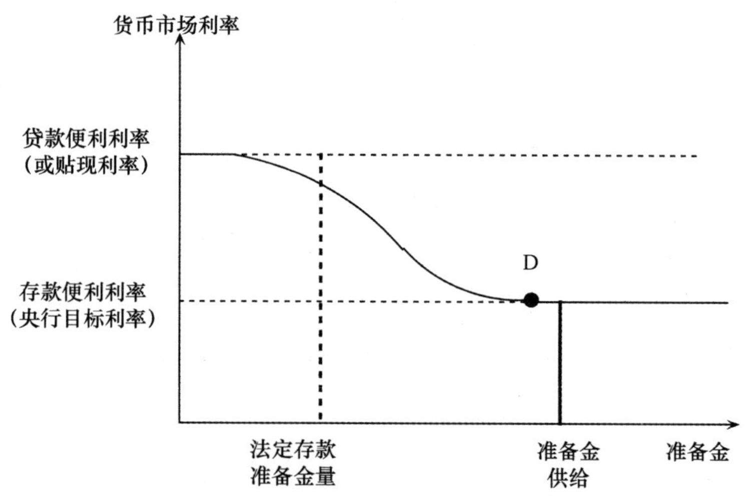

图 3—4 利率下限（floor）政策体系框架

① 各国在实施“利率走廊”框架时也存在一定差异。例如，英格兰银行和欧洲央行采取的“走廊”幅度较大，贷款便利和存款便利的利率目标利率相差约 100 个基点；而澳大利亚和加拿大则采取比较低的“走廊”幅度，贷款便利和存款便利的利率目标利率相差约 25 个基点。

当中央银行向存款准备金支付利息时，存款准备金利率由此形成了银行间市场利率的下限，见图3—4。当在金融市场发生动荡或者资金短缺时，作为金融市场的“最终贷款人”，中央银行在向市场注入大量资金时不必担心利率过度下跌。与传统的对称“利率走廊”政策体系相比，附加利率下限（floor）的利率政策框架有如下特点。

第一，中央银行将货币市场利率目标设定为存款便利利率，因此在该货币政策系统中，央行盯住的是“利率走廊”的下限而非“走廊”内部的某个点。

第二，只要准备金供给曲线与准备金需求曲线的水平部分相交（在存款便利利率处），任意的准备金供给都与相同的央行货币政策利率水平相对应，因此实现货币数量与货币政策目标脱钩。

第三，货币数量和货币政策目标脱钩使得央行获得两个独立的政策工具：一是传统的利率工具；二是准备金数量工具。

在2008年次贷危机爆发之后，美联储的资产购买行为导致商业银行准备金迅速增加。2006年美国《金融服务监管救援法》（*Financial Services Regulatory Relief Act*）授权美联储于2011年10月1日起对金融机构准备金付息。[①] 因此美国的货币政策实施框架将由传统的主要依赖公开市场操作的模式转变为附加利率下限（floor system）和公开市场操作相结合的模式。[②] 随着美国和日本都开始对准备金支付利息，“利率走廊”模式几乎成为一种潮流（Goodhart，2009）。

---

① 事实上在2008年年底美联储就开始向存款类机构的法定和超额准备金付息。

② 《美国的准备金政策》，http：//www. federalreserve. gov/monetarypolicy/reservereq. htm。

第二节 “新共识”货币政策的传导路径与渠道

一 “新共识”货币政策的传导路径（Ⅰ）：短期利率向长期利率传导

根据无套利条件和利率期限结构预期理论，很容易得到短期利率与长期利率的关系。对于风险中性的投资者来说，长期投资可以通过连续的短期投资进行复制，因此长期利率与短期利率的关系可以表示为：$(1+I_{n,t})^n=(1+i_t)E_t\{\prod_{i=1}^{n-1}(1+i_{t+i})\}$，其中 $I_{n,t}$ 表示从 t 时期开始的 n 期长期利率，i_{t+i} 表示未来各期的短期利率。该方程表明，长期利率取决于短期利率及其预期值。由于短期利率受货币政策影响，因此分析长期利率的变化必须要将货币政策纳入分析框架中。

以货币供给为例，Walsh（2010）在一个两期模型中讨论了货币政策与长期利率之间的关系。[①] 对于风险中性投资者，近似地可以得到 $I_t=0.5(i_t+E_t i_{t+1})$。定义 R_t 表示长期实际利率，因此有：$R_t=0.5[i_t-E_t\pi_{t+1}+E_t(i_{t+1}-\pi_{t+2})]$，其中 π_{t+2} 表示从 $t+1$ 期到 $t+2$ 期的通货膨胀率。

进一步假设：

$$R_t=R+q_t \tag{3.7}$$

$$R_t=0.5[i_t-E_t\pi_{t+1}+E_t(i_{t+1}-\pi_{t+2})] \tag{3.8}$$

① 详细推导过程参见 Walsh（2010）中译本，第 361 页。

$$m_t - p_t = -a\, i_t + v_t \tag{3.9}$$

$$m_t = \gamma m_{t-1} + \varphi_t \tag{3.10}$$

其中，方程（3.7）表明长期利率的均衡值为 R，为了计算简便，可以将 R 标准化为 0，q_t 是长期实际利率对其均衡值的偏离；（3.9）是货币市场均衡条件，为简便忽略了产出的影响；（3.10）是货币供给的动态方程。m_t 和 p_t 分别表示货币和价格的对数，v_t 和 φ_t 是均值为 0 的随机扰动。

将方程（3.9）代入（3.8）中，并且利用 $\pi_t = p_t - p_{t-1}$ 的定义，可以得到：

$$2a\, q_t = (1 + a)\, p_t + E_t\, p_{t+1} - E_t(a\, p_{t+2}) - (1 + \gamma)\, m_t + v_t$$

通过假定 p_t 为状态变量 m_t 、q_t 和 v_t 的函数，可以通过待定系数法得到：

$$p_t = \left[\frac{1}{1 + a(1 - \gamma)}\right] m_t + \left(\frac{1}{1 + a}\right)(2a\, q_t - v_t)$$

该方程表明，当期价格与当前货币供给之间的关系。进一步将该方程代回到货币需求函数中，可以得到短期利率与货币供给的关系：

$$i_t = -\left[\frac{1 - \gamma}{1 + a(1 - \gamma)}\right] m_t + \left(\frac{1}{1 + a}\right)(2\, q_t + v_t) \tag{3.11}$$

而作为短期利率平均的长期利率为：

$$I_t = \frac{1}{2}\left\{-\left[\frac{1-\gamma^2}{1+a(1-\gamma)}\right]m_t + \left(\frac{1}{1+a}\right)(2q_t + v_t)\right\} \quad (3.12)$$

当货币供给发生变化时，短期利率向长期利率的传导关系为：

$$\frac{\partial I_t}{\partial i_t} = \frac{\partial I_t}{\partial m_t}\frac{\partial m_t}{\partial i_t} = \frac{1}{2}[1+\gamma] \quad (3.13)$$

或者货币供给冲击将会导致长期利率与短期利率之间利差的变化为：

$$\frac{\partial(I_t - i_t)}{\partial m_t} = \left[\frac{1-\gamma}{1+a(1-\gamma)}\right] - \frac{1}{2}\left[\frac{1-\gamma^2}{1+a(1-\gamma)}\right] = \frac{(1-\gamma)^2}{2[1+a(1-\gamma)]} \quad (3.14)$$

在上述简单模型中，虽然货币政策目标被设定为货币 m_t 而非泰勒规则中的短期名义利率 i_t，但是这个例子说明收益率曲线的结构是受货币政策影响的。当短期利率 i_t 由于货币供给改变而发生调整时，长期利率 I_t 也会发生变化。在两期模型中，短期利率向长期利率的传导比例为：$0.5[1+\gamma]$。γ 是描述货币冲击粘性的参数，因此货币供给的粘性越大，短期利率向长期利率的传导越强。此外该模型还显示，货币需求冲击和实际利率冲击对收益率曲线的结构特征没有影响，即 $\partial(I_t - i_t)/\partial q_t = \partial(I_t - i_t)/\partial v_t = 0$。

进一步我们研究短期实际利率改变和长期实际利率改变的关系。定义 $r_t = i_t - E_t\pi_{t+1}$ 为短期实际利率，可以发现：$r_t = 2q_t$。根据方程

(3.8) 计算时长期实际利率为 $R_t = q_t$ 。计算中可以发现：$E_t(i_{t+1} - \pi_{t+2}) = 0$，也就是不管货币供给的粘性程度（$\gamma$）如何，预期名义利率和预期通货膨胀率的调整幅度是相同的，因此预期短期实际利率没有发生变化。进而可以得到长期实际利率的变化仅有短期实际利率变化的一半，而且实际利率的变化与货币政策无关。①

除了考虑货币政策对收益率曲线产生的扭曲效应之外，还可以将风险溢价包含到利率传导过程中。Sørensen 和 Whitta-Jacobsen（2010）提供了一个将收益率曲线和风险溢价加入总需求的简单模型。仍然以方程 $(1 + I_{n,t})^n = (1 + i_t) E_t\{\prod_{i=1}^{n-1}(1 + i_{t+i})\}$ 作为分析的起点，可以得到长期实际利率与短期实际利率的关系为 $R_{n,t} = \frac{1}{n}[r_t + E_t \sum_{i=1}^{n-1} r_{t+i}]$，其中 $R_{n,t}$ 为 n 期长期实际利率。假设起初实际利率处于其长期均衡水平为 $\bar{r}$，短期实际利率受到一个持续期为 m 的冲击，使得在 m 期内短期实际利率处于 $r^s < \bar{r}$ 的水平，之后短期利率将重新回到其长期均衡水平。在此假设下，长期实际利率与短期实际利率的关系为：

$$r_{n,t} = \omega(i_t - E_t \pi_{t+1}) + (1 - \omega) \bar{r}, \omega = m/n, m < n \quad (3.15)$$

其中，n 是长期利率的期限，$r_{n,t}$ 是 n 期长期利率。

除此之外，作者还将金融市场上的风险溢价 ρ 加入货币政策中。假设中央银行设定的短期利率为 i_t^p，则金融市场上的短期利率为 $i_t =$

① 之所以得到这一结论，与模型中不存在价格粘性有关。

$i_t^p + \rho_t$，在此情形下泰勒规则形式的货币政策规则可以表示为：

$$i_t^p = \bar{r} - \bar{\rho} + E_t \pi_{t+1} + h(\pi_t - \pi^*) + b \hat{y}_t + d_t \tag{3.16}$$

其中，$\bar{\rho} \equiv E(\rho)$ 表示风险溢价的均衡水平，$\bar{r} - \bar{\rho}$ 可以代表均衡短期实际利率；π^* 表示中央银行所设定的通货膨胀目标；$\hat{y}_t$ 表示产出偏离稳定状态的百分比；d_t 是均值为 0 的随机变量，表示对利率政策的随机冲击。在下文中，加（$\hat{}$）的变量均表示该变量偏离稳态的百分比。

在方程（3.16）的货币政策规则下，市场上形成的短期利率为：

$$i_t = \bar{r} + \hat{\rho}_t + E_t \pi_{t+1} + h(\pi_t - \pi^*) + b \hat{y}_t + d_t$$

除了原有因素之外，货币市场短期利率波动也有可能是由风险溢价的变化（$\rho_t - \bar{\rho}$）造成的。假设产品市场均衡条件（IS 曲线）可以简化为：

$$\hat{y}_t = \alpha_1 \hat{g}_t - \alpha_2 \hat{r}_{n,t} + v_t \tag{3.17}$$

其中 $\hat{g}_t$ 表示政府支出对均衡值的偏离；$\hat{r}_{n,t}$ 表示长期利率偏离均衡状态的百分比；v_t 是 0 均值随机变量。与通常的模型不同，方程（3.17）明确地将产品需求表示为长期利率 $r_{n,t}$ 而非短期利率 r_t 的函数。通过整理可以得到包含收益率曲线的总需求函数为：

$$\widehat{y}_t = -\frac{\alpha_2\omega h}{1+\alpha_2\omega}(\pi_t - \pi^*) + \frac{\alpha_1}{1+\alpha_2\omega}\widehat{g}_t - \frac{\alpha_2\omega}{1+\alpha_2\omega}[\widehat{\rho}_t + d_t] + \frac{1}{1+\alpha_2\omega}v_t \tag{3.18}$$

当不包含收益率曲线时（$\omega = 1$）时，总需求曲线可以表示为：

$$\widehat{y}_t = -\frac{\alpha_2 h}{1+\alpha_2}(\pi_t - \pi^*) + \frac{\alpha_1}{1+\alpha_2}\widehat{g}_t - \frac{\alpha_2}{1+\alpha_2}[\widehat{\rho}_t + d_t] + \frac{1}{1+\alpha_2}v_t$$

通过对比，可以发现总需求曲线的斜率和截距都发生了变化，变化的幅度取决于短期实际利率冲击的持续期参数 ω 。

二 “新共识”货币政策的传导路径（Ⅱ）：金融体系向实体经济传导

在“新共识”货币政策框架下，货币政策的传导渠道相对比较简单，主要通过实际利率影响产出等实际变量。在第二章方程的动态 IS 曲线［方程（2.8）］给出了产出缺口与实际利率的关系：

$$\tilde{y}_t = E_t\{\tilde{y}_{t+1}\} - \frac{1}{\sigma}[i_t - E_t\{\pi_{t+1}\} - r_t^n]$$

将该方程进行前向迭代可以得到：

$$\tilde{y}_t = -\frac{1}{\sigma}\sum_{i=0}^{\infty} E_t[i_{t+i} - \pi_{t+1+i} - r_{t+i}^n] \tag{3.19}$$

由此可见在新共识货币政策框架下，货币政策要对产出产生影响必须要通过当前及预期短期实际利率。如果利率期限结构的预期理论成立的话，这相当于货币政策必须要能够影响当前的长期实际利率。

通过假定一个外生的货币增长率过程，Galí（2002）在该货币政策框架下模拟了货币政策的传导机制。模拟的结果显示：在存在价格粘性条件下，货币增长率冲击对产出缺口有持续的（persistent）显著影响；名义利率会随着货币扩张而上升，即模型中不存在流动性效应（liquidity effect）；尽管名义利率随着货币供给提速而上升，但事前实际利率却随着货币扩张而下降，从而推动产出扩张。[①]

然而金融危机的爆发表明，除了利率渠道之外，货币政策的“信贷渠道”不仅存在，而且往往在金融动荡时期发挥重要作用。在正常情况下，短期利率沿着收益率曲线向长期利率的传导是非常顺畅的；货币政策的信贷渠道所产生的“木桶效应”也不显著。[②] 但是在金融动荡或者金融危机时期，利率传导不畅，信贷渠道效应使得金融机构和厂商面临流动性约束。这正是金融危机爆发后的情况。

通过对第一节和第二节的分析，我们发现“新共识”货币政策框架事实上包含四个方程，而非像第二章中给出的三个方程。除了代表总供给的新凯恩斯菲利普斯曲线（NKPC）和代表货币政策的泰勒规则之外，“新共识”货币政策框架还隐含着一条短期利率向长期利率传导的收益率曲线（yield curve），即短期利率(i^s) → 长期利率(i^L)的渠道。此外在代表总需求函数的动态 IS 曲线中，不仅短期实际利率应该为长期实际利率所代替；而且还隐含着货币政策的信贷渠道。

---

① Galí（2002）同时也指出缺少流动性效应并非“新共识”货币政策框架的必然特征。

② 所谓“木桶效应”是指木桶的容量由最短的木板决定，“木桶效应”可以形象地比喻某项政策短板限制了其他政策发挥作用。

第四章

货币政策稳定目标：从菲利普斯曲线到泰勒曲线

◇第一节　产出波动与通货膨胀波动之间的替代关系

附加预期的菲利普斯曲线使经济学家认识到通货膨胀和产出（或者失业）水平值之间存在的替代关系仅在短期内有效，因而菲利普斯曲线无法成为货币政策的理论依据。

然而 Taylor（1979）提出在通货膨胀波动和产出缺口波动之间存在永久性的替代关系，这一波动率之间的替代关系被称为“泰勒曲线”或者“二阶菲利普斯曲线”。

Taylor（1994）给出了一个 Taylor 曲线的非技术性推导。假设经济可以由以下三个方程描述：

$$\tilde{y}_t = -\beta(i_t - \pi_t - r^*) + u_t \tag{4.1}$$

$$\pi_t = \pi_{t-1} + \alpha\tilde{y}_{t-1} + e_t \tag{4.2}$$

$$i_t = \pi_t + g\tilde{y}_t + h(\pi_t - \pi^*) + r^f + v_t \tag{4.3}$$

方程（4.1）表示的是产出缺口和实际利率之间的负相关关系，

其中 $\tilde{y}_t \equiv y_t - y_t^n$ 是产出偏离自然产出的百分比；r^* 是产品市场长期均衡实际利率，u_t是总需求冲击。方程（4.2）是菲利普斯曲线，当实际产出高于自然产出后将导致未来通货膨胀率上升，之所以存在滞后性是由于存在价格粘性，e_t是价格冲击。方程（4.3）表示货币政策规则，π^* 表示通货膨胀目标，r^f是货币政策规则中隐含的实际利率，v_t是货币政策冲击。

一　模型的长期特征和短期特征

经济达到长期均衡时，通货膨胀应该达到其稳态水平，而产出缺口和外生冲击都为零。

$$\tilde{y} = 0 \tag{4.4}$$

$$i = \pi + r^* \tag{4.5}$$

$$\pi = \pi^* + (r^* - r^f)/h \tag{4.6}$$

其中，（4.4）表明长期内产出缺口和通货膨胀率之间不存在替代关系；（4.6）表明如果货币政策当局设定的隐含实际利率与事后市场均衡的利率不一致，稳态通货膨胀率与目标通货膨胀率也不一致。

进一步将方程（4.3）代入方程（4.1）中得到：

$$\tilde{y}_t = -c(\pi_t - \pi^*) - \frac{c}{h}(r^f - r^*) + \frac{u_t - \beta v_t}{1 + \beta g} \tag{4.7}$$

其中：$c = \beta h/(1 + \beta g)$ 是模型参数。由于方程（4.7）实际上结

合了产品市场均衡条件（4.1）和货币政策规则（4.3），Taylor（1994）将其称为“总需求/通货膨胀曲线”。这条曲线表示的是在总需求层面上通货膨胀和产出缺口之间的关系。把方程（4.7）滞后一期代入方程（4.2）中可以得到：

$$\pi_t - \pi^* = (1 - \alpha c)(\pi_{t-1} - \pi^*) - \frac{\alpha c}{h}(r^f - r^*) + \alpha \frac{u_{t-1} - \beta v_{t-1}}{1 + \beta g} + e_t \tag{4.8}$$

二　产出缺口和通货膨胀波动之间的替代关系

准确地说，文献中所指的产出缺口和通货膨胀波动之间的替代关系是指产出缺口 $\tilde{y}_t$ 的方差与通货膨胀缺口（$\pi_t - \pi^*$）的方差之间存在此消彼长的关系。为了简单起见，假定经济中仅存在价格冲击 e_t，并令其方差为 σ_e^2，由方程（4.8）和（4.7）可以得到通货膨胀缺口（$\pi t - \pi^*$）的方差为 $\mathrm{var}(\pi_t - \pi^*) = \frac{\sigma_e^2}{1-(1-\alpha c)^2}$，产出缺口的方差为 $\mathrm{var}(\tilde{y}_t) = \frac{c^2\sigma_e^2}{1-(1-\alpha c)^2}$。除了外生给定的参数之外，产出缺口和通货膨胀缺口方差的大小受政策参数 c 的影响，而 c 本身又依赖于货币政策对产出缺口和通货膨胀缺口的响应参数（g,h）。从数值上看，根据方程（4.3）货币政策对通货膨胀缺口越敏感（h 越大）或者对产出缺口越不敏感（g 越小），政策参数 c 越高，（$\pi_t - \pi^*$）的方差越小而 $\tilde{y}_t$ 的方差越大，由此形成产出缺口波动和通货膨胀缺口波动之间的替代关系。反之就会出现（$\pi_t - \pi^*$）的方差越大而 $\tilde{y}_t$ 的方差越小的情况。当货币政策当局根据偏好调整政策参数 c 的取值，就会得到产出缺口方差和通货膨胀缺口方差的组合，被称为泰勒曲线，如图 4—1。泰勒曲线描述的是对于给定的产出缺口波动，经济中能够实现的最小通货膨胀波动的集合。

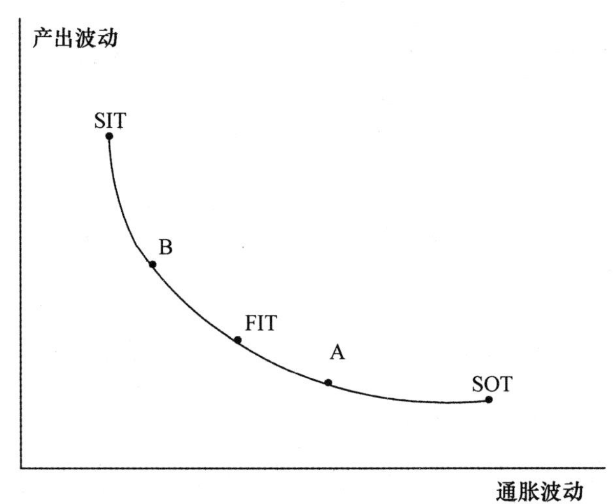

图 4—1 泰勒曲线

第二节 货币政策稳定目标转型

一 泰勒曲线的政策含义

在图 4—1 泰勒曲线上，偏好产出稳定的货币当局将会选择 A 点；偏好通货膨胀稳定的货币当局将会选择 B 点。在现实中，泰勒曲线之所以存在，是因为在供给冲击下货币政策无法兼顾通货膨胀和产出缺口的波动。例如在均衡条件下通货膨胀缺口和产出缺口均为0，供给冲击导致通货膨胀上升，产出下降。为了控制通货膨胀率上升的幅度，需要在紧缩货币政策中提高货币政策对通货膨胀缺口的响应力度，即提高方程（4.3）中 h 的取值，导致参数 c 变大，而这又会加剧产出下降的幅度。因此货币当局面临稳定产出和稳定通货膨胀的两难选择。

不仅如此，在泰勒曲线上选择不同的方差组合也显示出政策当局所遵循的不同政策规则（Svensson，2003）。图4—1中的点SIT表示货币政策当局遵循严格的通货膨胀盯住制（strict inflation targeting）。在这种货币政策规则下，货币政策当局严格稳定通货膨胀波动而放任产出波动。点SOT表示货币政策当局遵循严格的产出缺口盯住制（strict output - gap targeting）。在这种货币政策规则下，货币政策当局严格产出缺口波动而放任通货膨胀波动。除去这两种极端的货币政策规则之外，最为经济学家和政策制定者认可的是所谓的弹性通货膨胀盯住制（flexible inflation targeting），即图4—1中的点FIT。在这一货币政策规则下，货币政策当局盯住的是通货膨胀波动的产出波动的加权和。这意味着在具体的政策实践中，货币当局要在中期内（而非尽可能短的时间内）通过渐进和谨慎的措施将通货膨胀率稳定在较低水平，同时避免引发无谓的真实经济波动。

二 泰勒曲线的政策效率前沿解释

然而对于将泰勒曲线作为货币政策工具的观点也遭到一些经济学家的批评。Friedman（2006）指出泰勒曲线所描述的波动替代关系并非实证研究发现的经济现实，而仅是货币政策的理论结果，泰勒曲线代表了面临供给冲击时货币政策的有效前沿。如果货币政策未达到效率前沿或者泰勒曲线，则会发现通货膨胀波动和产出波动之间存在正相关关系，由此两者之间的相关性成为评价货币政策是否有效率的标准。例如，基于1879—2005年美国的年度数据，Friedman（2006）发现产出波动和通货膨胀波动的相关系数为0.81，两者之间存在正相关关系而不是泰勒曲线所预测的负相关关系。这一正的相关系数表明长期以来美国的货币政策并未达到有效前沿。事实上，当货币政策执行得到改善或者经济发生结构性变化时，泰勒曲线本身可能发生移动。而在这一动态变化过程中可能会观测到通货膨胀波动和产出波动之间存在正相关的情况。

基于对于泰勒曲线的研究，经济学家就以下观点达成一致（Cecchetti 等，2004）。

（1）泰勒曲线的位置取决于总供给冲击的波动性，供给冲击的波动性越小，泰勒曲线越靠近原点的位置。

（2）泰勒曲线的斜率由经济结构决定。

（3）当货币政策达到最优或者有效时，经济应该位于泰勒曲线上；否则经济应该位于泰勒曲线的右侧。

三 随机冲击的类型与稳定性货币政策的选择

在对 Taylor（1994）文献的评论中，Ball（1994）提出一个非常重要的理论问题，即泰勒规则所揭示的产出缺口波动和通货膨胀率波动之间的负相关关系严格依赖于冲击的类型。为了说明该问题，假设通货膨胀目标 π^* 为0，目标实际利率与市场均衡实际利率相等（$r^f = r^*$），可以将方程（4.7）和（4.8）简化为（4.9）和（4.10）的形式：

$$\tilde{y}_t = -c\pi_t + \frac{u_t - \beta v_t}{1 + \beta g} \tag{4.9}$$

$$\pi_t = (1 - \alpha c)\pi_{t-1} + \alpha\frac{u_{t-1} - \beta v_{t-1}}{1 + \beta g} + e_t \tag{4.10}$$

方程（4.9）和（4.10）表明，当经济遭遇需求冲击时（u 或 v 不为 0），通过强有力的逆周期政策（g 足够大），货币政策当局可以完全消除需求冲击的影响。不仅如此，通过选取适当的 h 的取值保持政策参数 c 不变，逆周期政策并不会造成产出缺口波动和通货膨胀率波动之间产生替代关系。因此就理论层面而言，泰勒曲线仅是针对供给冲击成立的。

根据上述理论，当经济遭遇总需求冲击时，货币政策不会造成产出缺口波动 $var(\tilde{y}_t)$ 和通货膨胀缺口波动 $var(\pi_t - \pi^*)$ 之间产生此消彼长的关系；而当经济遭遇供给冲击时，货币政策不会造成产出缺口波动 $var(\tilde{y}_t)$ 和通货膨胀缺口波动 $var(\pi_t - \pi^*)$ 之间存在此消彼长的关系，从而产生货币政策的两难选择。尽管 1979 年泰勒曲线提出之时，“新共识”货币政策理论尚未出现，而且泰勒曲线和“新共识”货币政策理论中关于产出缺口（$\tilde{y}_t$）的定义未必相同，但是关于稳定性货币政策在应对不同类型外生冲击时所面临的情形却被后来的货币政策理论普遍继承。

然而泰勒曲线却给新凯恩斯菲利普斯曲线提出了挑战。Taylor 曲线表明只有当经济遭受供给冲击时，货币政策所面临的稳定通货膨胀波动和稳定产出缺口波动的两难选择的局面才会出现。而且在政策实践中，货币政策当局确实面临这一两难处境。但是在经典的新凯恩斯菲利普斯曲线中并不包含任何内生性成本冲击。供给冲击是以随机扰动的形式人为加入的，见方程（4.11）和（4.12）。[①] 方程（4.11）即是理论推导出了的模型；而方程（4.12）则是在应用中考虑到了通货膨胀惯性和供给冲击后的模型，其中供给冲击以随机变量 ε_t 的形式出现。

$$\pi_t = \beta E_t\{\pi_{t+1}\} + \kappa \tilde{y}_t \tag{4.11}$$

$$\pi_t = \alpha_1 \tilde{y}_t + \alpha_2 \pi_{t-1} + \alpha_3 E_t(\pi_{t+1}) + \varepsilon_t \tag{4.12}$$

不仅如此，方程（4.11）还表明，对于货币政策而言，稳定通货膨胀波动和稳定产出缺口波动是一致的。通货膨胀波动越小，产出缺口的波动也越小，稳定通货膨胀与稳定产出缺口之间具有一致性。对于不包含供给冲击的新凯恩斯菲利普斯曲线所引发的货币政策在稳定通货膨胀波动和稳定产出缺口波动双重目标间的一致性，Blanchard 和 Galí（2007）将其称为“天赐的巧合”（divine coincidence）。为了弥补新凯恩斯菲利普斯曲线在这一方面的缺陷，现有研究通常采用两种方法：一是在新凯恩斯菲利普斯曲线中人为加入供给冲击，如方程（4.12）。对于这种方法，充其量仅是一种补救措施，而非真正解决问题（Blanchard 和 Galí，2007）。二是试图在新凯恩斯菲利普斯曲线中引入具有微观经济学基础的内生供给冲击，如劳动市场摩擦等。在本书关于新凯恩斯菲利普斯曲线的相关章节中将对此处涉及的第二种方法进行详细研究。

---

① 方程（4.11）和（4.12）分别是第二章中的方程（2.7）和（2.10）。

第 五 章

“新共识”货币政策框架下的最优货币政策

货币政策的目标是为了减少经济波动，那么从货币政策当局的角度来衡量，什么是最优货币政策？简单来说，最优货币政策是指在一定约束条件下，能够实现社会目标函数最优化的货币政策。在本章中，我们将分别讨论“新共识”货币政策框架下，最优货币政策的目标函数、约束条件以及最优货币政策理论模型的基本特征。

尽管“新共识”框架下的最优货币政策的目标函数是建立在代表性主体的最优化行为分析基础之上的，但一些研究对这种代表性主体研究方法持不同见解。例如，Clarida、Galí 和 Gertler（1999）认为这一方法至少存在两个方面的缺陷：首先，该方法没有展示出通货膨胀成本的根本原因，即通货膨胀变异所导致消费者和厂商投、融资规划方面所产生的不确定性；其次，如果不存在完备的保险或者信贷市场，在福利分析中采用代表性主体模型会因为抹杀了个体间的差异而得出错误结论。

尽管如此，我们在下文中首先对基于代表性主体最优化行为得到的货币政策目标函数方法简要介绍。

第一节　基于效用函数的最优货币政策目标

在“新共识”框架下，最优货币政策的目标函数一般以产出缺口和通货膨胀缺口的二次函数形式出现。Woodford（2001b）给出了代表性消费者福利损失的二次近似，从而为最优货币政策理论中社会福利损失函数提供了理论基础。之所以选择这种近似形式，Woodford（2001b）给出了以下几个原因。

第一，这种近似方法便于进行货币政策福利分析。从数学方法角度看，当模型中的目标函数和结构方程分别是二次形式和线性形式时，经济学家可以通过业已成熟的“线性—二次”最优控制方法来对经济模型的福利效应进行分析，而且在该框架下最优货币政策的计算相对简单。

第二，由于传统关于最优货币政策文献中多采用二次损失函数，利用基于效用函数的二次损失函数可以与先前的研究结论进行比较。

第三，在模型中通常采用对数线化方法得到结构方程的线性近似形式，利用这些结构方程的线性近似形式也无法得到更高阶的目标函数近似值。

借助 Woodford（2001b）的理论，我们将推导第二章所给出的代表性消费者效用函数的二次近似形式。[①] 沿用第二章的符号，代表性消费者的效用函数可以表示为：$U_t \equiv U(C_t, N_t)$，假定该效用函数关于

① 本章中模型推导仅是根据 Woodford（2001b）得到二次形式的损失函数，该方法的证明过程可参照原文。

消费和劳动是可分的，即：$U_{C_t,N_t}=0$，同时用不含时间下标的变量表示对应变量的稳态值。将该效用函数在消费和劳动稳态值（C,N）处进行二阶泰勒展开得到：

$$U_t \approx U(C,N) + U_C C\widehat{c}_t + U_N N\widehat{n}_t + \frac{1}{2}U_{CC}C^2(\widehat{c}_t)^2 + \frac{1}{2}U_{NN}N^2(\widehat{n}_t)^2$$

其中$\widehat{c}_t=\dfrac{C_t-C}{C}$表示消费偏离稳态的百分比，其他变量类同。进一步设定$\sigma=-\dfrac{U_{CC}}{U_C}c$和$\varphi=\dfrac{U_{NN}}{U_N}N$，则上述二阶近似方程可以表达为：

$$U_t \approx U(C,N) + U_C C\left(\widehat{c}_t + \frac{1-\sigma}{2}(\widehat{c}_t)^2\right) + U_N N\left(\widehat{n}_t + \frac{1+\varphi}{2}(\widehat{n}_t)^2\right) \tag{5.1}$$

为了进一步讨论消费和就业波动与产出和通货膨胀之间的关系，我们首先要考察市场扭曲对宏观变量之间关系的影响。

一　“新共识”最优货币政策框架中的市场扭曲

在“新共识”框架下，由于存在垄断竞争和价格粘性，导致消费者和厂商的最优行为偏离弹性价格和完全竞争市场的情形，这被称为市场扭曲。需要特别强调的是在新凯恩斯宏观经济学文献中，基于完全竞争和弹性价格条件得到的均衡被称为有效率（efficient）均衡；而所谓的自然率（natural rate）水平则是指在垄断竞争和弹性价格下得到的均衡结果。

（一）由不完全竞争造成的扭曲

在垄断竞争假设下，基于第二章中给出的生产函数 $Y_{i,t} = A_t N_{i,t}^{1-\alpha}$ 以及利润最大化厂商对产品边际成本的加成比例 ω，其中 $\omega = \varepsilon/(\varepsilon - 1) > 1$，$\varepsilon$ 是商品需求的价格弹性，我们可以得到垄断竞争条件下价格与边际成本的关系为：$P_t = \omega W_t / MPN_t$。由于 $\omega > 1$，因此产品价格高于边际成本。从消费者效用最大化的角度看，劳动和休闲的替代率应该等于劳动的边际产出（工资）与价格（价格为标准化为 1）之比，即 $-U_{N,t}/U_{C,t} = MPN_t$。然而将消费者的最优条件和厂商利润最大化条件相结合可以发现 $-U_{N,t}/U_{C,t} = W_t/P_t = MPN_t/\omega < MPN_t$，由此可以发现，由于垄断竞争的存在，在“新共识”模型中劳动和消费的边际替代率（$-U_{N,t}/U_{C,t}$）小于劳动的边际产出 MPN_t。

对于这类扭曲，政府可以通过设定就业补贴来予以矫正。假设政府设定就业成本的补贴比率 τ，使得 $\omega(1-\tau) = 1$，或者相应的 $\tau = 1/\varepsilon$，使得 $-U_{N,t}/U_{C,t} = MPN_t/(\omega(1-\tau)) = MPN_t$ 仍能得到满足。通过设定补贴，即使在垄断竞争条件下，仍然能够达到灵活价格下的均衡条件，市场有效性仍然能够得到满足。

（二）由价格粘性造成的扭曲

在新凯恩斯主义模型中，价格粘性同样也会造成扭曲。由于厂商无法随意调整价格，市场上平均的加成比例不仅是时变的，而且往往不等同于无摩擦时的加成比例 ω。假设市场平均加成比例为 ω_t，则 $\omega_t = \dfrac{P_t}{(1-\tau)(W_t/MPN_t)} = \dfrac{P_t\omega}{(W_t/MPN_t)}$，在此假设下得到 $-\dfrac{U_{N,t}}{U_{C,t}} =$

$\frac{W_t}{P_t} = MPN_t \frac{\omega}{\omega_t}$。该方程表明，只有当政策可以将经济的平均加成（$\omega_t$）稳定在无摩擦加成（$\omega_t$）的水平时，市场均衡才是有效率的。

二 “非扭曲稳态”下福利损失的二阶近似

下文中我们将讨论最优货币政策，为了叙述方便，我们先对下文中所用到的一些变量进行说明，见表5—1。

表5—1 各类产出缺口的定义

变量	含义
y_t	产出（对数）
y	产出的稳态值（对数）
y_t^n	自然产出（对数），在价格弹性和垄断竞争市场条件下得到
y_t^e	有效产出（对数），在价格弹性和完全竞争市场条件下得到
$x_t = y_t - y_t^e$	实际产出偏离有效产出的百分比
$\widehat{y_t} = y_t - y$	实际产出偏离其稳态的百分比
$\widehat{y_t^n} = y_t^n - y^n$	自然产出偏离其稳态的百分比
$\tilde{y}_t = y_t - y_t^n$	实际产出偏离自然产出的百分比，即产出缺口
$\widehat{y_t^e} = y_t^e - y^e$	有效产出偏离其稳态的百分比
$\widehat{x_t} = \widehat{y_t} - \widehat{y_t^e}$	实际产出偏离其稳态的百分比与有效产出偏离其稳态百分比之差

我们首先来考察经济处于非扭曲稳态值附近的情形。“非扭曲稳态”包含双重含义：首先在稳态处，所有厂商的价格都相等且不变，因此排除了价格粘性的影响。其次非扭曲是指在政府补贴的作用下，垄断竞争的影响被消除。在此假设下，“非扭曲稳态”与弹性价格下

完全竞争稳态（即有效产出的稳态 y^e ）是相同的，即 $y = y^e$ ；并且在稳态处休闲与消费的边际替代率等于劳动的边际产出 $-U_N/U_C = MPN$ 。

根据第二章的模型设定，通过产品市场出清条件可以得到：

$$\widehat{c_t} = \widehat{y_t} \tag{5.2}$$

方程（5.2）表明产出的下降直接导致消费者消费下降和效用水平的下降。第二章中劳动市场均衡条件为 $N_t = \left(\frac{Y_t}{A_t}\right)^{\frac{1}{1-\alpha}}\int_0^1\left(\frac{P_{i,t}}{P_t}\right)^{-\frac{\varepsilon}{1-\alpha}}di$，其对数形式可以表示为 $(1-\alpha)n_t = y_t - a_t + d_t$，其中 $d_t \equiv (1-\alpha)\ln\int_0^1 (P_{i,t}/P_t)^{-\frac{\varepsilon}{1-\alpha}}di$，表示单个厂商价格对平均价格的偏离程度。[①] 由于在零通货膨胀稳态附近 d_t 近似为零，技术水平（对数）的稳态值 $a = 0$，该方程减去其对应的稳态值可以得到：

$$(1-\alpha)\widehat{n_t} = \widehat{y_t} - a_t + d_t \tag{5.3}$$

方程（5.3）从就业的角度表明在其他条件不变时，产出越高，就业水平越高，消费者的负效用也越大。此处要特别注意 $\widehat{y_t}$ 和上文中 $\widetilde{y_t}$ 的区别，$\widehat{y_t}$ 表示产出对其稳态值偏离的百分比（$y_t - y$）；$\widetilde{y_t}$ 表示产出对弹性价格产出值偏离的百分比（$y_t - y_t^n$）。理论上弹性价格下的产出

① 参见第二章。同时假设技术水平 A_t 的对数服从以下随机过程 $a_t = \rho_a a_{t-1} + \varepsilon_t^a$，$\varepsilon_t^a$ 是白噪声，这意味着 a_t 的稳态值 $a = 0$。

值 y_t^n 由于包含了技术冲击等等，因而是时变的。

此外在 Galí（2008）第四章中给出如下结论：“在某个对称的稳态的邻域内，至多至二阶近似，有 $d_t = \frac{\varepsilon}{2\Theta} var_i\{p_t(i)\}$”，其中 $\Theta \equiv \frac{1-\alpha}{1-\alpha+\alpha\varepsilon}$。将方程（5.2）和（5.3）以及 $d_t = \frac{\varepsilon}{2\Theta}\text{var}_i\{p_t(i)\}$ 的结论代入方程（5.1）中可以得到：

$$U_t \approx U + U_C C(\hat{y}_t + \frac{1-\sigma}{2}(\hat{y}_t)^2) +$$

$$\frac{U_N N}{1-\alpha}(\hat{y}_t + \frac{\varepsilon}{2\Theta} var_i\{p_{i,t}\} + \frac{1+\varphi}{2(1-\alpha)}(\hat{y}_t - a_t)^2) + t.i.p. \quad (5.4)$$

其中 $t.i.p.$ 表示独立于政策的各项。非扭曲稳态表明 $-\frac{U_N}{U_C} = MPN$，利用 $MPN = (1-\alpha)Y/N$ 和 $Y = C$ 的事实可以得到

$$\frac{U_t - U}{U_C C} \approx -\frac{1}{2}\Big[\frac{\varepsilon}{\Theta}\text{var}_i\{p_{i,t}\} - (1-\sigma)(\hat{y}_t)^2 + \frac{1+\varphi}{2(1-\alpha)}(\hat{y}_t - a_t)^2\Big] + t.i.p.$$

$$= -\frac{1}{2}\Big[\frac{\varepsilon}{\Theta}\text{var}_i\{p_{i,t}\} + \left(\sigma + \frac{\varphi+\alpha}{1-\alpha}\right)(\hat{y}_t)^2 - \frac{1+\varphi}{2(1-\alpha)}\hat{y}_t a_t\Big] + t.i.p.$$

$$= -\frac{1}{2}\Big[\frac{\varepsilon}{\Theta}\text{var}_i\{p_{i,t}\} + \left(\sigma + \frac{\varphi+\alpha}{1-\alpha}\right)(\hat{y}_t^2 - 2\hat{y}_t\hat{y}_t^n)\Big] + t.i.p.$$

$$= -\frac{1}{2}\Big[\frac{\varepsilon}{\Theta}\text{var}_i\{p_{i,t}\} + \left(\sigma + \frac{\varphi+\alpha}{1-\alpha}\right)\tilde{y}_t^2\Big] + t.i.p.$$

其中 $\hat{y}_t^n = y_t^n - y^n$ 表示价格弹性产出偏离其稳态的百分比。利用第

二章附录中（A.2.19）得到的 $y_t^n = -\frac{(1-\alpha)(\mu - \ln(1-\alpha))}{\sigma(1-\alpha)+\varphi+\alpha} + \frac{1+\varphi}{(1-\alpha)+\varphi+\alpha}a_t$ 可以得到 $\widehat{y_t^n} = \frac{1+\varphi}{\sigma(1-\alpha)+\varphi+\alpha}a_t$ 以及 $\widehat{y_t} - \widehat{y_t^n} = \tilde{y}_t$，其中用到了非扭曲稳态条件下 $y = y^n$ 的结果。而在扭曲稳态条件下，y 未必等于 y^n。

排除一些独立于货币政策的部分，经过单调变换后的消费者福利损失 $\left(\frac{U_t - U}{U_C C}\right)$ 的二阶近似可以表示为：

$$
\begin{aligned}
\mathbb{W} &= E_0 \sum_{t=0}^{\infty} \beta^t \left(\frac{U_t - U}{U_C C}\right) \\
&= -\frac{1}{2} E_0 \sum_{t=0}^{\infty} \beta^t \left(\frac{\varepsilon}{\Theta} var_i\{p_t(i)\} + \left(\sigma + \frac{\varphi+\alpha}{1-\alpha}\right)\tilde{y}_t^2\right)
\end{aligned}
$$

再根据 Woodford（2003）第六章的引理：$\sum_{t=0}^{\infty} \beta^t \, \mathrm{var}_i\{p_t(i)\} = \frac{\theta}{(1-\beta\theta)(1-\theta)} \sum_{t=0}^{\infty} \beta^t \pi_t^2$，可以得到非扭曲稳态附近消费者的福利损失函数：

$$
\mathbb{W} = -\frac{1}{2} E_0 \sum_{t=0}^{\infty} \beta^t \left[\frac{\varepsilon}{\lambda}\pi_t^2 + \left(\sigma + \frac{\varphi+\alpha}{1-\alpha}\right)\tilde{y}_t^2\right] \qquad (5.5)
$$

其中，$\lambda = \frac{(1-\beta\theta)(1-\theta)}{\theta}\Theta$。$\frac{\varepsilon}{\lambda}$ 和 $\left(\sigma + \frac{\varphi+\alpha}{1-\alpha}\right)$ 分别反映出损失函数中通货膨胀缺口和产出缺口的权重，这两个权重不是由货币政

策当局自行确定的，而是由经济模型的参数内生决定的。由于整个第二章和第五章都是在0稳态通货膨胀处近似得到的，因此方程（5.5）实际上将消费者的福利损失表示成通货膨胀方差与产出缺口方差的函数。值得强调说明的是，此处产出缺口是实际产出与弹性价格产出偏离的百分比。

三 “扭曲稳态”下福利损失的二阶近似

“扭曲稳态”的含义在于强调虽然稳态处所有厂商的价格都相等且不变，因此价格粘性的影响可以排除；但是其他扭曲性因素仍然存在，因而稳态仍然是扭曲的。例如在垄断竞争条件下的最优条件为：$-U_{N,t}/U_{C,t}=MPN_t/\omega$，其对应的稳态形式为：$-U_N/U_C=MPN/\omega$。该稳态条件与有效稳态条件$-U_N/U_C=MPN$不同。

在下文中，我们将其一般化为$-U_N/U_C=(1-\Phi)MPN$，Φ表示市场扭曲的程度，$\Phi=0$时不存在市场扭曲。结合产品市场出清条件对效用函数进行二阶近似，仍然可以得到类似（5.4）的损失函数，为了叙述方便再次抄录如下：

$$U_t \approx U + U_C C\left(\widehat{y}_t + \frac{1-\sigma}{2}(\widehat{y}_t)^2\right) +$$

$$\frac{U_N N}{1-\alpha}\left(\begin{array}{l}\widehat{y}_t + \dfrac{\varepsilon}{2\Theta}var_i\{p_{i,t}\} \\ + \dfrac{1+\varphi}{2(1-\alpha)}(\widehat{y}_t - a_t)^2\end{array}\right) + t.i.p.$$

基于柯布－道格拉斯生产函数$Y_{i,t}=A_t N_{i,t}^{1-\alpha}$，稳态劳动边际产出为

$(1-\alpha)Y/N$。将上述结果代入（5.4）中得到：

$$\frac{U_t - U}{U_C C} \approx \left(\widehat{y_t} + \frac{1-\sigma}{2}(\widehat{y_t})^2\right) - (1-\Phi)$$

$$\left(\widehat{y_t} + \frac{\varepsilon}{2\Theta}\operatorname{var}_i\{p_{i,t}\} + \frac{1+\varphi}{2(1-\alpha)}(\widehat{y_t} - a_t)^2\right) + t.i.p.$$

$$= \Phi\widehat{y_t} + \frac{1-\sigma}{2}(\widehat{y_t})^2 - \frac{\varepsilon}{2\Theta}\operatorname{var}_i\{p_{i,t}\} - \frac{1+\varphi}{2(1-\alpha)}(\widehat{y_t} - a_t)^2$$

$$+t.i.p. = \Phi\widehat{y_t} - \frac{1}{2}\begin{bmatrix} \frac{\varepsilon}{\Theta}\operatorname{var}_i\{p_{i,t}\} + \left(\sigma + \frac{\alpha+\varphi}{1-\alpha}\right)(\widehat{y_t})^2 \\ -2\left(\frac{1+\varphi}{1-\alpha}\right)\widehat{y_t}\, a_t \end{bmatrix} + t.i.p.$$

$$= \Phi\widehat{y_t} - \frac{1}{2}\left[\frac{\varepsilon}{\Theta}\operatorname{var}_i\{p_{i,t}\} + \left(\sigma + \frac{\alpha+\varphi}{1-\alpha}\right)[(\widehat{y_t})^2 - 2\widehat{y_t}\,\widehat{y_t^e}]\right]$$

$$+t.i.p. = \Phi\widehat{x_t} - \frac{1}{2}\left[\frac{\varepsilon}{\Theta}\operatorname{var}_i\{p_{i,t}\} + \left(\sigma + \frac{\alpha+\varphi}{1-\alpha}\right)(\widehat{x_t})^2\right] + t.i.p.$$

其中$\widehat{y_t^e} = y_t^e - y^e$表示有效产出偏离其稳态的百分比，并且有$\widehat{y_t^e} = \frac{1+\varphi}{\sigma(1-\alpha)+\varphi+\alpha}a_t$，由于技术冲击$a_t$独立于货币政策，$\varphi$、$\sigma$、$\alpha$是来自效用函数和生产函数等的参数，亦独立于货币政策，因此$\widehat{y_t^e}$独立于货币政策。进一步定义$\widehat{x_t} = \widehat{y_t} - \widehat{y_t^e} = (y_t - y_t^e) - (y - y^e) = x_t - x$，其中$x_t$表示产出偏离有效水平的百分比（$y_t - y_t^e$）。

利用上节类似的方法可以得到扭曲稳态条件下福利损失函数的二阶近似：

$$\mathbb{W} = E_0 \sum_{t=0}^{\infty} \beta^t \left\{ \Phi \widehat{x}_t - \frac{1}{2} \left[\frac{\varepsilon}{\lambda} \pi_t^2 + \left(\sigma + \frac{\varphi + \alpha}{1 - \alpha} \right) \widehat{x}_t^2 \right] \right\} + t.i.p. \tag{5.6}$$

特别注意以下两种情况：

第一，如果 $\Phi = 0$，即意味着不存在除价格粘性之外其他的扭曲，稳态时有 $y = y^e$，此时 $\widehat{x}_t = x_t$。

第二，进一步排除价格粘性，即在任意时刻都有 $y_t^e = y_t^n$，稳态时 $y = y^n = y^e$，因此有 $\widehat{x}_t = \widetilde{y}_t$。[①]

第二节 “新共识”货币政策框架下最优货币政策的特征

概括起来在“新共识”货币政策理论框架下，最优货币政策主要具有以下三个方面的特征。

一 目标函数和约束条件的“新新古典综合”特征

在“新共识”货币政策框架下，无论目标函数还是用于描述约束条件的模型均具有新新古典综合模型的特征（Mishkin，2011）。

从目标函数来看，目标函数通常包含两部分内容：一是用于反映

① 在方程（3.6）中，假定市场扭曲参数 Φ 与 $\widehat{x}_t$ 有相同的数量级，因此 $\Phi \widehat{x}_t$ 具有与 $\widehat{x}_t^2$ 相同的数量级。

价格稳定收益的部分，通常以通货膨胀缺口（通货膨胀与其目标值）的方差表示；二是用于反映收入稳定收益的部分，通常以产出缺口的方差表示，例如 Clarida、Galí 和 Gertler（1999），Woodford（2003）。将通货膨胀缺口纳入目标函数充分说明“新共识”货币政策对价格稳定的重视。通货膨胀缺口的方差与产出缺口的方差越大，社会目标函数的值越低，因此上述目标函数也被称为社会损失函数。由于预期在决定通货膨胀和货币政策传导过程中发挥重要作用，同时考虑到社会目标函数中两部分内容之间可能存在的期内（intra temporal）和跨期（inter temporal）相关性，货币政策的目的是最小化通货膨胀缺口波动与产出缺口波动的当前值和预期值。在“新古典”货币政策框架下，通货膨胀本质上被看作是货币现象，因此货币政策当局有责任和能力通过政策工具实现目标函数的最优化。从上一节中的福利损失函数来看，最优货币政策追求的目标可以概括为：$\tilde{y}_t = 0$ 和 $\pi_t = 0$ 。即最优的产出缺口应该为0，同时最优通货膨胀也应该为0。

从约束条件来看，用于描述约束条件的宏观计量模型同样也反映出新新古典综合模型的特征。具体来说，这些特征包括失业和通货膨胀长期内没有此消彼长关系；预期在经济周期中发挥重要作用，并导致货币政策可能出现时间不一致性问题；中央银行的独立性、货币政策的可信性等是保证货币政策实现预期目标的必要条件；同时实际利率应随着通货膨胀上升而上升。

二 最优货币政策模型具有线性二次模型形式

从模型的形式上来看，“新共识”货币政策框架下的最优货币政策具有线性二次模型形式（Linear Quadratic Framework）特征。Minshkin（2011）指出正是线性二次模型形式给最优货币政策结论埋下了巨大隐患。具体来说，最优货币政策的线性二次模型形式是指用于描述经济动态变化的方程是线形形式；而政策的目标函数则是二次形式。

线性二次模型意味着最优货币政策隐含着确定性等价特性（Certainty Equivalence）假设。根据这一假设特征，最优货币政策可以表示为对外生冲击的不随时间变化的线性响应（linear time-invariant response）；货币政策响应的大小并不依赖于冲击的方差或者概率分布的其他特征。最优货币政策也不会对可能出现的肥尾风险（tail risk）做出反应。① 而且当金融市场参与者和工资、价格制定者具有远见（forward-looking）时，中央银行承诺的最优货币政策具有惰性（inertia）特征，这在货币政策上被称为渐进主义（gradualism）。大量的研究发现，在对泰勒规则的实证研究中加入利率的滞后值将会改善实证研究的结果。

虽然在正常时期线性二次最优货币政策不会造成严重后果；但是当经济存在下行风险时线性二次最优货币政策模型的缺陷就会暴露无遗。这一因为经济动态变化的特征本身就是非线性的，而且由于经济自身可能存在的内在强化机制，非线性特征在经济下行时期表现得更加突出。② 当经济偏离正常区间（不论是上行区间还是下行区间）后，非线性特征会加速强化。以经济衰退为例，衰退会导致资产价格更大的不确定性，金融崩溃导致投资和消费需求下降，进一步强化经济紧缩，从而形成内生加速机制，更加强化了经济的非线性特征。其

① 肥尾风险是指较大冲击发生的概率大于相关理论通过高斯分布预测出来的情况。

② 虽然已经意识到线性二次最优货币政策在非常时期可能暴露的缺陷，美联储也在次贷危机爆发之前的货币政策实施中就包含了风险管理（risk management）的内容来力求避免极端情形的出现，但 Minshkin（2011）认为这并不能弥补该理论的先天缺陷。

次二次目标函数无法反映出经济主体存在的强力避险倾向。既然中央银行的最终目的是要最大化公共福利，因此最优货币政策的设计应该反映公众的偏好，特别是公众对恶性衰退风险强烈的厌恶倾向。

三 最优货币政策模型中不包含金融机构

正如前文所提到的，在“新共识”货币政策框架下，货币政策模型中不包含金融中介机构。具体来说，由于最优货币政策模型是建立在代表性主体基础之上的，所有的主体均相同，因此不存在非对称信息和金融摩擦等。虽然经济学家和政策制定者认识到金融摩擦的重要性，但其并非最优货币政策模型的基本特征。

在经济衰退期间，企业和金融机构资产负债结构的恶化（主要体现为资产缩水和实际债务升值所导致的净资产价值下降）会强化金融市场上的逆向选择和道德风险问题。一方面，净资产价值下降削弱了其作为抵押品来克服信息不对称的作用；另一方面，随着抵押品被贷方剥夺的风险上升，借款方可能会采取更加激进的冒险行为，加剧道德风险问题。随着金融机构提供贷款的意愿下降，金融市场扭曲将强化经济衰退的恶性循环和非线性特征。

第二编　新凯恩斯菲利普斯曲线的蜕变与发展

"新共识"货币政策框架是一个不断发展的体系。无论是新凯恩斯菲利普斯曲线、动态 IS 曲线，还是泰勒规则方程都处于不断完善过程中。本书在接下来的三个部分将分别围绕"新共识"货币政策框架三个核心方程的批判与改进展开。

新凯恩斯菲利普斯曲线：$\pi_t = \beta E_t\{\pi_{t+1}\} + \tilde{y}_t$

动态 IS 曲线：$\tilde{y}_t = E_t\{\tilde{y}_{t+1}\} - \frac{1}{\sigma}[i_t - E_t\{\pi_{t+1}\} - r_t^n]$

泰勒规则：$i_t = \rho + {}_{\pi}\pi_t + {}_{y}\tilde{y}_t + v_t$

第二编的主题是"新凯恩斯菲利普斯曲线的蜕变与发展"。新凯恩斯菲利普斯曲线不仅是"新共识"货币政策理论的核心，同时也是当今主流宏观经济学中对粘性工资和粘性价格进行最优化动态建模的主流方法。菲利普斯曲线自 20 世纪 50 年代诞生以来，几经沉浮，争议不断。关于菲利普斯曲线的争议主要包括：（1）菲利普斯曲线方程中都应该包含哪些变量；（2）菲利普斯曲线的微观经济学基础，特别是涉及厂商价格设定，产品市场、劳动市场和资本市场中的预期和粘性等问题；（3）估计菲利普斯曲线的最优估计方法。

Rudebusch 和 Svensson（1998）证实传统形式菲利普斯曲线 $\pi_t = \sum_{i=0}^{h} \varphi_i \pi_{t-i} + \delta \hat{y}_{t-1} + \varepsilon_t$ 无论对于美国还是欧洲历史数据都给出了较好的拟合结果。在该模型中，$\hat{y}_{t-1}$ 表示滞后一期的产出缺口，而通货膨胀滞后期系数之和也被假定为 1，从而避免长期内通货膨胀与产出缺口之间可能存在的替代关系。尽管如此，Galí、Gertler 和 Lopez-Salido（2001）指出传统菲利普斯曲线面临两大难题难以克服：一是 Lucas

批判问题，二是无法预测20世纪90年代开始出现的菲利普斯扁平化现象（即低通货膨胀和高产出）。因此即便传统菲利普斯曲线可以成功解释历史数据，仍然需要对通货膨胀进行结构性建模。

除此之外，在理论和实证研究中，新凯恩斯菲利普斯曲线都暴露出一些缺陷，例如在实证研究中，新凯恩斯菲利普斯曲线中产出缺口的估计值常常是负数，与理论模型结论相反；其次新凯恩斯菲利普斯曲线也无法兼容现实中普遍存在的通货膨胀持续性（persistence）问题。理论方面，无论泰勒曲线还是在现实的货币政策实践中都存在产出波动与通胀波动的两难选择，但是新凯恩斯菲利普斯曲线中并不包含内生的供给冲击，供给冲击被作为随机扰动人为加入曲线中。这种方法，充其量仅是一种补救措施，而非真正解决问题（Blanchard和Galí，2005）。此外在第二章的推导过程中，新凯恩斯菲利普斯曲线是在零通货膨胀稳态处线性近似得到的，然而即便是在发达工业化国家，长期的平均通货膨胀也远远高于0，因此新凯恩斯菲利普斯曲线更应该是在趋势性通货膨胀存在的前提下获得的。针对上述三个方面，我们将在第五至七章中分别进行讨论。

第六章“新凯恩斯菲利普斯曲线的蜕变（Ⅰ）：混合菲利普斯曲线”主要介绍基于新凯恩斯菲利普斯曲线实证方面的不足进行的改进，特别是混合菲利普斯曲线的发展。

第七章“新凯恩斯菲利普斯曲线改进（Ⅱ）：包含内生供给冲击”主要介绍现有研究是如何将成本冲击内生化到新凯恩斯菲利普斯曲线中，并进而解决“天赐巧合”问题。

第八章“新凯恩斯菲利普斯曲线改进（Ⅲ）：非零稳态通货膨胀的广义新凯恩斯菲利普斯曲线”主要介绍趋势性通货膨胀的存在对新凯恩斯菲利普斯曲线的影响。

第六章

新凯恩斯菲利普斯曲线的蜕变（I）：混合菲利普斯曲线

新凯恩斯菲利普斯曲线已经成为宏观经济学的主流，其发展得益于通货膨胀动态理论的进步，其中有两个方面至关重要：一是新凯恩斯菲利普斯曲线将理性预期和经济主体的前瞻性行为纳入模型中；二是新凯恩斯菲利普斯曲线在垄断竞争厂商最优化行为基础之上刻画了模型中的价格粘性和工资粘性。在本书的第二章中，我们给出了新凯恩斯菲利普斯曲线的基本形式：

$$\pi_t = \beta E_t\{\pi_{t+1}\} + \kappa \tilde{y}_t \tag{6.1}$$

其中，$\tilde{y}_t$ 是产出缺口。与在附加预期的菲利普斯曲线中，经济学家致力于研究为什么非预期通货膨胀可以提高产出不同，新凯恩斯菲利普斯曲线则致力于研究通货膨胀的动态特征，特别是边际成本对通货膨胀的影响。新凯恩斯菲利普斯曲线模型是否准确还需要从理论和实证两个方面进行检验。根据西方国家的经验，Ólafsson（2006）总结了新菲利普斯曲线应该满足的基本事实：

（1）通货膨胀存在持续性（persistence）；

（2）短期内通货膨胀和失业存在此消彼长（trade-off）关系；①

---

① Mankiw（2001）认为这一结论的主要含义是货币政策冲击会对这两组变量造成相反的影响，而非体现在两组变量之间存在稳定的负相关关系。

（3）短期内通货膨胀对货币政策变化的响应程度有限，货币政策对通货膨胀的传导时滞达到两年左右；

（4）反通货膨胀政策对产出有紧缩效应；

（5）货币政策变化对产出的影响先于对通货膨胀的影响。

上述事实成为检验新凯恩斯菲利普斯曲线正确性的标准和依据。

第一节　新凯恩斯菲利普斯曲线面临的挑战

尽管形如方程（6.1）的基本新凯恩斯菲利普斯曲线 $\pi_t = \beta E_t\{\pi_{t+1}\} + \kappa\tilde{y}_t$ 是在微观主体最优化的基础之上得到的，但是该方程所描述的通货膨胀与产出缺口的关系是否与现实相吻合，则应该通过实证研究进行检验。然而在对新凯恩斯菲利普斯曲线进行实证检验方面还存在较大的争议和挑战，主要包括以下几个方面。

一　不可观测的通货膨胀预期

对新凯恩斯菲利普斯曲线进行实证估计时，经济学家所面临的第一个现实问题是通货膨胀的期望值 $E_t\{\pi_{t+1}\}$ 是不可观测的。为了解决这一问题，经济学家尝试了多种方法。

第一类方法是用通货膨胀的未来值代替预期值。在理性假设预期下，通货膨胀的期望值与实际值之间仅相差一个随机扰动项，即 $\pi_{t+1} = E_t\{\pi_{t+1}\} + \varepsilon_{t+1}$，$\varepsilon_{t+1}$ 是随机扰动。代入新凯恩斯菲利普斯曲线后得到 $\pi_t = \beta\pi_{t+1} + \kappa\tilde{y}_t - \beta\varepsilon_{t+1}$，通过该方程可以得到参数 β 和 κ 的估计值。从形式上看，这种方法相当于用未来通货膨胀的实际值代替预期值。然而该方法的问题在于随机扰动项 ε_{t+1} 与 π_{t+1} 本身存在相关性，从而导致对参数的估计是有偏的。

通过工具变量法可以解决参数估计有偏的问题。在理性预期条件下，通货膨胀的预期错误与当期已知信息无关，由此 Galí 和 Gertler（1999）给出了形如 $E_t\{(\pi_t - \kappa \tilde{y}_t - \beta\pi_{t+1}) z_t\} = 0$ 的矩条件，其中 z_t 是 t 时期已知的变量。[①] 通过广义矩估计可以得到待估参数值。在实证研究中，通过广义矩估计方法对包含产出缺口的新凯恩斯菲利普斯曲线进行估计时往往会出现几个方面的问题：第一，这种方法事实上同时在检验新凯恩斯菲利普斯曲线的识别形式和通货膨胀理性预期假设（Ólafsson，2006）。当实证研究与理论模型不一致时，研究者无法区分究竟是模型设定形式不当还是理性预期假设不合理。第二，如果将广义矩估计用于估计混合菲利普斯曲线，还可能导致高估预期通货膨胀的影响。[②] 第三，广义矩估计方法在用于对包含理性预期的前瞻

---

① Galí 和 Gertler（1999）中采用的是边际成本而非产出缺口。

② 由于下文提到的新凯恩斯菲利普斯曲线无法解释通货膨胀惯性现象，因此在实证研究中菲利普斯曲线通常采取“混合菲利普斯曲线”形式，即 $\pi_t = \lambda mc_t + \gamma_f E_t\{\pi_{t+1}\} + \gamma_b \pi_{t-1}$，下文中会有详细说明。那么为什么广义矩估计方法可能导致高估预期通货膨胀对当前通货膨胀的影响？在线性方程中广义矩估计与二阶段最小二乘法等同。在第一阶段回归中，π_{t+1} 对工具变量进行回归得到其估计值 $\widehat{\pi}_{t+1}$，该估计值被用于替代第二阶段估计过程中所需要的 $E_t\{\pi_{t+1}\}$。Rudd 和 Whelan（2007）认为，在理论上任何与通货膨胀 π_t 相关但未被直接加入混合菲利普斯曲线的变量都可以作为第一阶段良好的工具变量。但是在第二阶段回归中，往往会发生遗漏变量现象。如果这些被遗漏的变量又被用作工具变量，那么 $\widehat{\pi}_{t+1}$ 反映的将可能是这些被遗漏变量的影响，而非 $E_t\{\pi_{t+1}\}$ 自身的影响。Rudd 和 Whelan（2007）还特别举例指出，在 Galí 和 Gertler（1999）中，通货膨胀滞后值就被用作工具变量。如果通货膨胀确实与其滞后值相关，那么在混合菲利普斯曲线中，γ_f 的估计值中一定程度上包含了通货膨胀滞后值对 π_t 的影响，从而导致通货膨胀预期值的影响被高估。

性模型进行估计时可能存在弱工具变量（weak instrument）问题。例如 Mavroeidis（2005）以混合菲利普斯曲线为例研究了广义矩估计方法中潜在的识别问题。此外，还有研究指出，由于通货膨胀惯性的普遍存在，在混合菲利普斯曲线的广义矩估计中以通货膨胀滞后值作为工具变量直接违背了工具变量的选取原则，如 Zhang 等（2008）。

第二类方法是构建通货膨胀的预期值。在方程（6.1）中，β 是贴现因子，其绝对值小于 1，因此可以将新凯恩斯菲利普斯曲线进行前向迭代，进而得到通货膨胀与预期产出缺口之间的关系：$\pi_t = \sum_{i=0}^{\infty} \beta^i E_t \tilde{y}_{t+i}$，该方程也被称为新凯恩斯菲利普斯曲线的理性预期前瞻形式（forward-looking）。由此可见通货膨胀由预期产出缺口决定，通货膨胀率的变化反映预期产出缺口的变化。相应地，如果认为实际边际成本是推动通货膨胀的真正因素，而且利用柯布－道格拉斯生产函数下实际边际成本与劳动收入份额的比例关系，新凯恩斯菲利普斯曲线的理性预期前瞻形式也可被写作 $\pi_t = \kappa \sum_{i=0}^{\infty} \beta^i E_t s_{t+i}$，其中 s_t 是劳动收入份额。[①] 例如 Rudd 和 Whelan（2005）在对混合菲利普斯曲线进行估计时，就采用了（6.2）的形式：

$$\pi_t = \delta_1 \pi_{t-1} + \mu \sum_{k=0}^{\infty} \delta_2^{-k} E_t s_{t+k} \tag{6.2}$$

其中 δ_1 和 δ_2 是二项式 $\gamma_f z^2 - z + \gamma_b = 0$ 的根。对于产出缺口或者

① 详见 Galí 和 Gertler（1999）。

劳动收入份额的预测，则可以通过向量自回归等方式进行。Rudd 和 Whelan（2005）是通过包含劳动收入份额和产出缺口的二元向量自回归模型对这两个变量进行了预测。这种方法实际上是用产出缺口或者劳动收入份额的预期值代替通货膨胀预期值，同时避免了广义矩估计方法可能隐含的问题。

第三类方法是放松理性预期假设，利用通货膨胀预测值（forecast）来替代根据理论模型得到的预期值（prediction）。由于通货膨胀预期是个复杂现象，理性预期不足以反映通货膨胀预期的全貌，因此一些研究建议以现实的预测值对混合菲利普斯曲线进行实证研究。早期的研究包括 Roberts（1995、1997）等。与理性预期假设相比，在估计新凯恩斯菲利普斯曲线时采用实时通货膨胀预测数据无论在理论上还是方法上都有一些优势。例如实时预测数据可以比较准确地反映经济主体关于通货膨胀的预期；实时预测数据还使研究者避免了在设定和识别经济主体预期函数方面存在的困扰（Adam 和 Mario，2011）。

二　与理论模型预期相反的产出缺口估计值

在对方程（6.1）及其扩展的混合菲利普斯曲线进行估计的时候，许多实证研究发现产出缺口的回归系数是负值，而且理论模型所预期的正值。这意味着产出缺口上升，总需求上升，将会导致通货膨胀下降；这一结果既与理论预期不符，更与现实相悖，成为经典新凯恩斯菲利普斯曲线的主要问题。

表 6—1　　部分文献发现产出缺口为负的案例

文献	方程形式	主要回归结果		
		γ	β	
Galí 和 Gertler	$\pi_t = \beta E_t\{\pi_{t+1}\} + \kappa \tilde{y}_t$	-0.016 (0.005)		0.988 (0.030)
(1999)	$\pi_t = \beta E_t\{\pi_{t+1}\} + \kappa s_t$	0.023 (0.012)		0.942 (0.045)
Galí，Gertler 和	$\pi_t = \beta E_t\{\pi_{t+1}\} + \kappa \tilde{y}_t$	-0.003 (0.007)		0.990 (0.018)
López-Salido (2001)	$\pi_t = \beta E_t\{\pi_{t+1}\} + \kappa s_t$	0.088 (0.041)		
Rudd 和 Whelan	$\pi_t = \beta E_t\{\pi_{t+1}\} + \gamma \tilde{y}_t$		-0.056**	1.039**
(2005)	$\pi_t = \beta E_t\{\pi_{t+1}\} + \gamma s_t$		0.005	1.001**

针对实证研究中出现的产出缺口系数与理论预期结果相反的情形，Galí、Gertler（1999）以及 Sbordone（2002）等研究认为理论模型中推动通货膨胀率上升的直接因素是边际成本而非产出缺口。在规模报酬不变生产函数下，短期内劳动份额可以作为边际成本的替代变量，因此建议在实证研究中以劳动收入份额取代对实际 GDP 去趋势（detrend）之后得到的产出缺口，并且取得了预期的改进结果。此外还应该看到的是，新凯恩斯菲利普斯曲线中的产出缺口的定义是实际产出对灵活价格产出偏离的百分比，而实证研究中所采用的产出缺口的定义是实际产出对所谓趋势值偏离的百分比，两者并不一致。

尽管以劳动收入份额取代产出缺口的方式得到一些经济学家的支持，如 Woodford（2001）认为至少从解释通货膨胀变化的角度看，劳动收入份额是比产出缺口更好的变量。但是这一改进又引发了新的争议。Rudd 和 Whelan（2005）发现在美国经济衰退周期中都会出现劳动收入份额上升的现象。如果按照 Galí 和 Gertler（1999）的结果，这预示着通货膨胀将会上升，因此货币政策应该在经济衰退期间采取紧缩的政策而非扩张性政策。对于在新凯恩斯菲利普斯曲线实证研究中究竟应该使用产出缺口还是劳动收入份额的问题，本书在以下章节中会专门讨论。

三　无法解释通货膨胀持续性问题

除了产出缺口的估计值不符合预期之外，新凯恩斯菲利普斯曲线在实证中还面临一大挑战，即无法解释通货膨胀的持续性问题（inflation persistence）。在方程（6.1）中通货膨胀完全取决于未来的通货膨胀预期以及实际非均衡因素，然而实证研究发现通货膨胀往往具有较高的持续性。Fuhrer 和 Moor（1995）发现通货膨胀的自相关系数接近 1。那么为什么刻意设定价格粘性（price inertia）的模型无法产生通货膨胀惯性？事实上价格粘性和通货膨胀惯性完全是两个概念，在新凯恩斯模型中虽然价格水平是缓慢调整的，但通货膨胀率却可以灵活变动。

四　理论上存在紧缩性繁荣的可能性

Mankiw（2001）还发现，新凯恩斯菲利普斯曲线所描述的变量动态变化特征与现实不一致。在经济学研究中，关于货币政策对通货膨胀和失业率的影响最广为接受的共识包括：第一，货币政策冲击至少在短期内会影响失业；第二，货币政策冲击对通货膨胀的影响具有滞后性和渐进性（gradual effect）。紧缩的货币政策将会导致未来一段时间失业率上升，而且货币政策对失业率影响的峰值早于对通货膨胀率影响的峰值。然而 Mankiw（2001）发现在新凯恩斯菲利普斯曲线中，紧缩的货币政策在导致通货膨胀率逐渐下降的传导过程中竟然会导致失业率下降，即新凯恩斯菲利普斯曲线中包含着紧缩性繁荣（disinflationary booms）的可能性。[①] Ball（1994a）就曾经发现充分可信的紧缩政策能够导致经济繁荣的情况。在新凯恩斯菲利普斯曲线模型中，价格设定者具有前瞻性行为。如果预期的紧缩政策确实可信，厂商将会在货币供给紧缩前降低价格。随着价格降低实际货币余额将会上升，最终导致产出增加和失业降低。通过脉冲响应函数，Mankiw（2001）证实在新凯恩斯菲利普斯曲线中，紧缩的货币政策不仅可以降低通货膨胀，还能降低失业率。然而在实践中，当中央银行选择紧缩政策时通常会导致经济衰退而非繁荣。[②] 之所以产生这样的结果，其原因在于新凯恩斯菲利普斯曲线无法产生现实经济中存在的通货膨胀惯性。为了在模型中强制产生通货膨胀惯性，结果就会导致紧缩性货币冲击降低失业率的荒谬结论。这个例子说明，新凯恩斯菲利普斯曲线中无法同时兼顾通货膨胀惯性和紧缩货币政策提高失业率两个结论，理论模型存在内在不一致性。

第二节　混合菲利普斯曲线（Hybrid Phillips curve）

一　新凯恩斯菲利普斯曲线的改进方向

面对新凯恩斯菲利普斯曲线在实证研究方面所暴露的问题，经济

---

① 在其文献中，Mankiw 具体采用的经典新凯恩斯菲利普斯曲线的形式为 $\pi_t = E_t \pi_{t+1} - \theta(u_t - u^*)$，其中 u_t 是失业率，u^* 是自然失业率。

② 例如除了美国 Volcker 时期的政策实践之外，Ball（1994b）在所记录的 9 个样本国家 28 次货币政策紧缩中有 27 次发生了经济衰退。对于这种理论和实证中的差异，Ball（1995）认为可能的根源在于货币政策并非完全可信。

学家大致从三个方面进行了改进：

第一类是在保留传统价格粘性的基础上进行局部调整。为了解决新凯恩斯菲利普斯曲线中不存在通货膨胀惯性的问题，一些研究将后视行为（backward looking）引入模型，后向预期假定厂商根据经验法则而非最优化结果进行定价，如 Galí 和 Gertler（1999）；或者假定经济中存在某种根据价格指数定价的现象，如 Christiano、Eichenbaum 和 Evans（2005）。此外，还有研究在模型中引入多种形式的真实刚性，如企业特有资本等和实际工资粘性等来解决通货膨胀的持续性问题，如 Erceg、Henderson 和 Levin（2000）以及 Blanchard、Galí（2007）等。

第二类改进新凯恩斯菲利普斯曲线的方法则放弃了传统粘性价格框架，转而吸纳了有限信息模型以及行为经济学的多种因素。这种方法有两种主要形式：一是 Mankiw 和 Reis（2002）等所强调的有限信息迟钝模型（the inattentive model of limited information）；二是如 Milani（2005a/b）等研究的学习模型。

第三类方法是选取基于状态（state-dependant）的定价模式。然而相关研究表明，第三类方法难以解决真实产出持续性问题，且其模型更难求解。

与后两类方法相比，第一类方法得到更多经济学家的采用，从而导致混合菲利普斯曲线的产生。下文中我们将以 Galí 和 Gertler（1999）的研究为例来说明混合菲利普斯曲线是如何被构建出来的。

二　混合菲利普斯曲线

实证研究方面对新凯恩斯菲利普斯曲线最经典的改进当属 Galí 和

Gertler（1999）提出的混合菲利普斯曲线（Hybrid Phillips curve）。出于改进实证结果的目的，混合菲利普斯曲线在经典新凯恩斯菲利普斯曲线模型中加入了后顾因素，同时用实际边际成本代替产出缺口作为通货膨胀的推动因素，从而得到：

$$\pi_t = \lambda mc_t + \gamma_f E_t\{\pi_{t+1}\} + \gamma_b \pi_{t-1} \tag{6.3}$$

为了实现从新凯恩斯菲利普斯曲线向混合菲利普斯曲线的转变，首先需要在模型中引入后视（backward looking）厂商。同样在 Calvo（1983）模型的框架下，假定每一期有 $1-\theta$ 比例的厂商价格固定，其余厂商中有 $1-\omega$ 比例具有前向预期（forward looking），在对未来预期基础上通过最优化决策制定价格；而其余 ω 比例的厂商则是后视（backward looking）厂商，根据过去的价格来设定价格。因此总体价格水平为：

$$p_t = \theta p_{t-1} + (1-\theta)\bar{p}_t^* \tag{6.4}$$

$$\bar{p}_t^* = (1-\omega) p_t^f + \omega p_t^b \tag{6.5}$$

其中，$\bar{p}_t^*$ 是 t 时期重新设定的价格，p_t^f 是前向预期厂商设定的价格，p_t^b 是后视厂商设定的价格。与第二章中的模型设定相似，$p_t^f = (1-\beta\theta)\sum_{k=0}^{\infty}(\beta\theta)^k E_t\{mc_{t+k}^n\}$。对于后视厂商的定价行为有两点假设：其一，不存在后视定价规则对最优化定价规则的持续偏离，这意味着在稳态均衡处，后视定价规则与最优化定价规则是一致的；其二，后视定价规则仅依赖于上一期以及更早以前的信息。Galí 和 Gertler

（1999）假设后视定价规则为：

$$p_t^b = \bar{p}_{t-1}^* + \pi_{t-1} \tag{6.6}$$

即后视定价厂商将上一轮设定的价格 $\bar{p}_{t-1}^*$ 通过上一期通货膨胀率 π_{t-1} 修正后设定为当期的价格，由此将通货膨胀滞后值引入模型。通过上述方程（6.4）—（6.6）可以得到方程（6.3）形式的混合菲利普斯曲线。

此外由于边际成本同样是不可观测的，因此 Galí 和 Gertler（1999）在柯布－道格拉斯生产函数（$Y_t = A_t N_t^\alpha$）假设条件下，得到实际边际成本 $MC_t = S_t/\alpha$，其中 S_t 是工资收入在总产出中的份额。因此 $mc_t = s_t$，即边际成本偏离稳态的比例可以由工资收入份额偏离稳态的比例代替。

除了上述“后视定价规则”之外，还有其他经通货膨胀滞后值引入混合菲利普斯曲线的方法。例如，Fuhrer 和 Moore（1995）假定工人和厂商谈判的对象是相对实际工资；Christiano 等（2005）假定部分厂商定价存在指数化现象，即根据上期通货膨胀率调整本期价格涨幅。

与以往实证研究所采取的模型相比，这一混合菲利普斯曲线在两个方面存在差异：首先，该方程中变量的系数（$\lambda, \gamma_f, \gamma_b$）是理论模型中结构参数的显函数。具体来说模型中的结构参数包括价格粘性程度参数 θ，“后向性”程度参数 ω 以及贴现因子 β。其次，该模型用真实边际成本替代了产出缺口，以此作为需求压力的度量。新凯恩斯菲利普斯曲线的理论模型表明通货膨胀的推动因素本质上是实际边际成本。然而由于实际边际成本不可观测，经济学家假定其与产出缺口具有线性关系，在新凯恩斯菲利普斯曲线中用产出缺口代替了实际边际成本。Galí 和 Gertler（1999）认为潜在产出不易测算，剔除趋势后的产出波动并非产出缺口合适的替代变量。因此在柯布 - 道格拉斯生产函数假设下使用平均劳动成本来衡量名义边际成本，也就意味着将劳动收入份额作为真实边际成本的代理量。Neiss 和 Nelson（2005）指出产出缺口与边际成本之间存在稳定线性关系的结论依赖于完全竞争劳动市场假设。当劳动市场存在垄断竞争时，工资加成（wage mark-up）行为将会造成实际边际成本和产出缺口出现分离，此时需要考察劳动市场摩擦对通货膨胀的影响。Neiss 和 Nelson（2005）也因此将包含实际边际成本的新凯恩斯菲利普斯曲线称为“工资加成”版本的新凯恩斯菲利普斯曲线。

基于上述模型改进，Galí 和 Gertler（1999）的主要结论包括：第一，劳动收入份额是一个统计显著的通货膨胀驱动变量，从而表明实际边际成本确实是通货膨胀的推动因素。第二，前瞻性（forward-looking）行为主导着价格设定，γ_f 的估计值在 0.7 左右；尽管后向性表现出了统计显著，但它在数量上的重要性比较有限。因此虽然前瞻性新凯恩斯菲利普斯曲线被数据所拒绝了，它仍是对通货膨胀过程的合理近似。

除 Galí 和 Gertler（1999）之外，Sbordone（2002）在价格粘性条件下研究了厂商的最优定价行为对整体价格水平和通货膨胀动态特征的影响。与其他研究直接估计菲利普斯曲线的方法不同，该研究预先设定了单位劳动成本等状态变量的变化路径，在此基础上根据最优价格决策模型计算出厂商所设定的价格及其隐含的通货膨胀动态特征。尽管方法不同，该研究与 Galí 和 Gertler（1999）的结论非常一致，例如该研究发现基于粘性价格的垄断竞争模型能够很好地模拟出价格—

单位劳动成本比（the price/unit labor cost ratio）和通货膨胀的动态特征，而且结论对于模型中边际成本的取值方法比较稳健。这些结论不仅为价格粘性，而且为厂商的前向定价行为提供了支持。该文献表明新凯恩斯菲利普斯曲线未来的研究应聚焦在对边际成本以及其与产出缺口的关系上，而不要过多沉溺于价格决策过程的精炼上。Galí 等（2001）通过混合菲利普斯曲线比较成功地解释了欧洲地区的通货膨胀动态变化特征，使得混合菲利普斯曲线的影响日益扩大。除此之外，价格设定指数化行为也可以为通货膨胀滞后项的存在提供依据，如 Christiano、Eichenbaum 和 Evans（2005）。但这些方法被认为是“难以令人信服的修正，缺乏事实基础”（Blanchard 和 Galí，2005）。

第三节　混合菲利普斯曲线引发的新争议

基于边际成本和通货膨胀惯性的混合菲利普斯曲线在实证研究方面取得的成功引发了学术界的浓厚兴趣，不仅有大量学者跟进研究，同时也产生了相当多的分歧和争论。争论的核心主要围绕着几个方面的理论问题展开：

第一，模型中前瞻性因素与后顾性因素的相对重要性；

第二，通货膨胀的推动因素究竟是产出缺口还是边际成本；

第三，在估算新凯恩斯曲线时应当选择什么估算方法。

概括起来，根据现有研究在处理通货膨胀预期和通货膨胀推动因素两方面的差异，可以大致分为四种类型，见表6—2。除此之外，还有一些研究对粘性价格模型和粘性信息模型进行了比较，如 Kiley（2007）。

表 6—2　　粘性价格混合菲利普斯曲线的争议及部分代表文献

主导的预期机制 / 通货膨胀推动因素	前瞻性主导 (for-ward dominate)	后顾性主导 (back-ward dominate)
产出缺口		Fuhrer（1997）、Paloviita（2004）
边际成本	Galí、Gertler（1999），Galí 等（2001），Sbordone（2002）	

一　前瞻性因素与后顾性因素的相对重要性

尽管 Galí 和 Gertler（1999）以及 Galí 等（2001）通过混合菲利普斯曲线比较成功地解释了美国和欧洲通货膨胀的动态变化，并识别出前瞻性因素的重要性，但仍有一些研究得到相反的结论，包括 Fuhrer（1997）、Paloviita（2004）和 Kiley（2007）等。

Fuhrer（1997）根据美国数据比较了三种定价模式下的菲利普斯曲线形式，分别是附加预期定价的菲利普斯曲线（expectations-augmented price-price Phillips curve）、粘性价格定价机制下的菲利普斯曲线以及包含 Taylor 粘性合同及持续性的双边菲利普斯曲线（two-sided Phillips curve）。这三种定价机制对应的菲利普斯曲线形式分别为：

附加预期定价的菲利普斯曲线：

$$\pi_t = \pi_{t+1}^e + \gamma \tilde{y}_t \tag{6.7}$$

粘性价格定价机制下的菲利普斯曲线：

$$\pi_t = E_t \pi_{t+1} + \gamma \tilde{y}_t \tag{6.8}$$

双边菲利普斯曲线：

$$\pi_t = f(L) f(L^{-1}) [\pi_t + \gamma g^{-1}(L) \tilde{y}_t] \tag{6.9}$$

其中 L 表示滞后算子。如果在（6.7）中预期 π_{t+1}^e 可以通过分布滞后模型来代替，那么菲利普斯曲线形式变化为 $\pi_t = \sum_{i=1}^{k} \beta_i \pi_{t-i} + \gamma \tilde{y}_t$。方程（6.8）除了 $E_t \pi_{t+1}$ 的系数不同外，与新凯恩斯菲利普斯曲线类似。方程（6.9）既包含了通货膨胀的滞后项，又包含了预期项，可以看作是对方程（6.7）和（6.8）的嵌套。在滞后项和预期项之和为 1 的假设下（该假设的目的是为了符合 Lucas 的自然率假说），通过方程（6.9）作者发现通货膨胀预期项的系数均不显著。由此作者认为该结论表明预期在通货膨胀动态变化过程中发挥的作用非常有限。

与 Galí 和 Gertler（1999）等研究采用理性预期通货膨胀理论值不同，Paloviita（2004）利用调查得到的通货膨胀预期值对欧洲地区的混合菲利普斯曲线进行检验。由于使用了调查得到的通货膨胀期望，可以避免同时检验菲利普斯曲线形式与预期形成的问题。其估算结果显示，当理性预期假设放松后，无论选取产出缺口还是边际成本作为通货膨胀的推动因素，新凯恩斯菲利普斯曲线至少能够得到符合预期的理论估计值，但显著性仍然极低。在加入通货膨胀滞后项后，计量结果显示后顾因素在通货膨胀动态变化过程中占主导地位，γ_b 接近 0.6，远远高于 Galí 和 Gertler（1999）所汇报的数值；而且产出缺口作为通货膨胀的推动因素在实证方面的表现也不逊色于边际成本。然而同样是根据通货膨胀预测值（survey forecasts）（Jean-Baptiste, 2012）对英国混合菲利普斯曲线的估计结果显示，通货膨胀滞后值的系数仅为0.39左右，现实预期因素仍然在通货膨胀决定中发挥主要作用。

Kiley（2007）分别估计了基于前瞻性和边际成本的新凯恩斯菲利普斯曲线、由 Mankiw 和 Reis（2002）提出的粘性信息菲利普斯曲线以及混合粘性信息菲利普斯曲线三种形式。在此基础上将这些模型的结果与一个简化的预测回归进行了比较。与简化的预测回归模型相比，纯粹前瞻性新凯恩斯菲利普斯曲线以及 Galí 和 Gertler（1999）所提出的混合菲利普斯曲线的表现极为糟糕。作者发现拟合度最佳的混合菲利普斯曲线使用了滞后通货膨胀的四个季度加权平均值，且由于通货膨胀滞后项的阶数由一阶上升为四阶，滞后项之和的权重也因此下降至接近1/4水平。这一结果引发了经济学家的关注与思考，即什么样的微观基础能够合理解释如此多的滞后项。

表6—3　　混合菲利普斯曲线中前瞻因素和后顾因素的相对重要性

文献	γ_f	γ_b
Galí 和 Gertler（1999）	0.682（0.020）	0.252（0.023）
Galí、Gertler 和 Lopez-Salido（2001）	0.773（0.064）	0.043（0.115）
Paloviita（2004）	–	0.530（0.049）
Jean-Baptiste（2012）	0.616（0.011）	0.391（0.055）

注：模型估计形式为 $\pi_t = \lambda mc_t + \gamma_f E_t\{\pi_{t+1}\} + \gamma_b \pi_{t-1}$，括号中为标准误。

二　通货膨胀的驱动因素究竟是产出缺口还是实际边际成本？

虽然新凯恩斯菲利普斯曲线理论模型中认为实际边际成本（而非产出缺口）是推动通货膨胀的根本因素，但是在实证研究中究竟应该采用产出缺口还是实际边际成本依然没有定论。虽然从现有的文献来看，在混合菲利普斯曲线估计中如果预期通货膨胀采取理性预期形式，实际单位劳动成本比产出缺口的表现要好，例如 Galí、Gertler（1999）和 Galí 等（2001），然而如果依据上述研究就认定产出缺口无法解释通货膨胀的动态特征，或者实际边际成本可以全部解释通货膨胀的动态特征的话，实际上存在着一些逻辑上的缺陷。例如，通过剔除趋势（detrend）或者各种滤波（如 HP 滤波）得到的产出缺口的估计值是否能如实反映产出缺口的实际情况？此外，劳动收入份额是否能作为实际边际成本的替代变量？

事实上，由于产出缺口和实际边际成本在现实中都是无法直接观测得到，因此在估计混合菲利普斯曲线时无论采用劳动收入份额还是用各种方法得到的产出缺口作为实际边际成本的替代变量，都有相互冲突的观点和证据存在。

（一）劳动收入份额作为实际边际成本替代变量的正、反双方面依据

支持劳动收入份额作为实际边际成本替代变量的证据除了 Galí、Gertler（1999），Galí 等（2001）以及 Sbordone（2002）等经典文献之外，还包括 Batini、Jackson 和 Nickell（2005）等。Batini、Jackson 和 Nickell（2005）提供了英国劳动收入份额与通货膨胀正相关的证据，通过构建新凯恩斯菲利普斯曲线，并用它来捕捉雇佣调整成本以及英国经济的开放程度。反对的意见包括 Wolman（1999）和 Rudd、Whelan（2005）等。Wolman（1999）对 Galí 和 Gertler（1999）所描述的边际成本与通货膨胀之间的关系提出了质疑。首先，作者认为边际成本的度量比产出的度量更困难。其次，使用劳动收入份额作为真实边际成本的代理量也是不恰当的。劳动收入份额之所以能够作为实际边际成本的代理变量是因为模型建立在过度简化的基础之上。这些假设包括所有企业都采用柯布—道格拉斯生产技术，并且存在一个竞

争性的劳动力市场。最后，Wolman（1999）将 Galí 和 Gertler（1999）所使用的 Calvo 价格设定形式与另一种“更合理的形式”进行了比较，后者将价格调整的概率设定为距离上次调整时间的平稳增函数。比较发现，Galí 和 Gertler 的实证结果对价格设定模式非常敏感。

此外如果产出增长是由非技术进步因素造成的，那么劳动收入份额与产出缺口之间应该存在正相关性，即劳动收入份额应呈现顺周期特征。然而 Rudd 和 Whelan（2005）却发现美国劳动收入份额表现出典型的逆周期模式而不是顺周期变化，在第二次世界大战之后的历次萧条期间它都出现迅速上升现象。由于所观察到的劳动收入份额逆周期变化与真实边际成本顺周期的理论预测结果相冲突，作者认为平均单位劳动成本并不是名义边际成本的良好代理量。

（二）产出缺口作为通货膨胀推动因素的正、反双方面依据

与劳动收入份额类似，当产出缺口用作混合菲利普斯曲线中通货膨胀的推动因素时，得到的结果也是不确定的。上文中已经提及在诸如 Galí 和 Gertler（1999）以及 Sbordone（2002）等经典文献中，产出缺口对通货膨胀的解释力并不强，甚至得出与理论模型预期符号相反的参数估计值。但是 Paloviita（2004）将调查得到的通货膨胀预测值作为理性预期的代理量，利用欧洲数据检验了不同形式新凯恩斯菲利普斯曲线的实证表现。作者发现在该检验中，作为真实边际成本的代理变量，产出缺口的表现至少与劳动收入份额一样好。

Neiss、Nelson（2005）对 Galí、Gertler（1999）以及 Sbordone（2002）的研究结果进行了不同的解读，他们认为劳动力市场刚性在对通货膨胀动态变动的建模中并不起关键作用。如果用与理论模型相一致的产出缺口度量方法，那么基于产出缺口的菲利普斯曲线能够与基于边际成本的菲利普斯曲线一样好地符合数据。他们指出，在 DSGE 模型中的潜在（或自然）产出通常被定义为不存在名义刚性时

的产出水平，并且这种潜在产出会受到真实冲击的影响，因而并不会表现出像用流行的去趋势或者过滤法来衡量产出缺口时那样的平稳趋势。

三　如何估算混合菲利普斯曲线

早期对新凯恩斯菲利普斯曲线估计的主流文献主要采用广义矩估计方法，该方法可以用来解决模型参数估计有偏的问题，如 Galí 和 Gertler（1999）以及 Galí、Gertler 和 Lopez-Salido（2001，2005）等。在实证研究中，通过广义矩估计方法对包含产出缺口的新凯恩斯菲利普斯曲线进行估计时往往会出现以下几个方面的问题：第一，这种方法事实上同时在检验新凯恩斯菲利普斯曲线的识别形式和通货膨胀理性预期假设，Ólafsson（2006）。这一特征导致当模型估计与理论预期不一致时，研究者无法区分究竟是模型设定形式不当还是理性预期假设不合理。第二，将新凯恩斯菲利普斯曲线扩展为混合菲利普斯曲线后，广义矩估计方法还可能导致高估预期通货膨胀的影响，Rudd 和 Whelan（2007）。第三，广义矩估计方法在用于对包含理性预期的前瞻性模型进行估计时可能存在弱工具变量（weak instrument）问题，如 Mavroeidis（2005）以混合菲利普斯曲线为例研究了广义矩估计方法中潜在的识别问题。

Rudd 和 Whelan（2005）认为 Galí 和 Gertler（1999）所使用的 GMM 估算方法即使在真实模型并不包含前瞻性行为的前提下也很可能会得出前瞻性行为非常重要的结论，之所以出现这样的问题根源在于两阶段最小二乘法的第二个阶段。GMM 估算方法本质上等同于一个两阶段最小二乘法。在混合菲利普斯曲线 GMM 估计的第一阶段先用通货膨胀对工具变量进行回归；在第二阶段则是将第一阶段得到的估计值作为通货膨胀预期值代入到混合菲利普斯曲线中进行回归。直观上任何与通货膨胀相关且不包含在混合菲利普斯曲线中的变量都可以作为工具变量用于 GMM 估计的第一阶段。例如 Galí 和 Gertler（1999）所采用的工具变量中就包含通货膨胀的滞后值，如果通货膨胀存在惯性，那么工具变量所估计出来结果可能包含通货膨胀滞后值的影响，由此造成模型对前瞻性因素影响的高估。

除了经典的 GMM 方法之外，用于对新凯恩斯菲利普斯曲线进行估计的方法还包括极大似然估计法、完全信息极大似然估计法以及最新发展的贝叶斯估计方法等。

Kiley（2007）认为应当使用极大似然估计法（ML）来进行估计，理由是即使在模型误设的情况下，极大似然估计法也能给出更有效且更少偏差的结构参数估算值，而且能够通过似然方程给出直观的拟合度，便于对各种非嵌套模型进行评估。鉴于单一等式方法（如 Galí 和 Gertler（1999）使用的 GMM 方法）会产生不精确且有偏的估计修正，Lindé（2005）提出了一种完全信息极大似然估计法（full information maximum likelihood，FIML）。他用 FIML 法估算了混合菲利普斯曲线，并发现基于产出缺口的混合模型对美国通货膨胀的动态变化提供了一种合理的近似。在此模型中，后顾性行为至少与前瞻性行为同样重要。Rabanal 和 Rubio-Ramirez（2005）认为在估计新凯恩斯菲利普斯曲线时应该使用贝叶斯估计方法，理由是该方法具有一般均衡法的优势，而且在小样本中的表现胜过 GMM 和极大似然法；此外该方法还不依赖于向量自回归的识别条件（identification scheme），且在模型误设的情况下仍然能得到一致性估计量。Barkbu 和 Batini（2005）指出在通货膨胀非平稳情形下 GMM 和 FIML 方法都是无效的，在此基础上作者使用加拿大数据估算了通货膨胀非平稳条件下的混合菲利普斯曲线。Kurmann（2005）强调了 Galí 和 Gertler（1999）估算结果的不确定性。

通过上文的分析，可以发现在基于边际成本的混合菲利普斯曲线是否解决了新凯恩斯菲利普斯曲线实证问题这一议题上并未达成一致。根据 Galí、Gertler 和 Lopez-Salido（2005），基于边际成本的混合模型是有效的，不过仍有三个问题有待解决：其一，混合菲利普斯曲线中滞后通货膨胀项的理论原理；其二，后续研究需要考察 Calvo 定价模型是不是过于程式化；其三，他们认为有必要对边际成本的动态变化有一个更好的了解。这使得他们以及其他一些学者开始寻找将真实刚性引入模型的多种途径，以期能解释边际成本的动态变化。这些是下一节将展开的内容。另一些学者将精力放在了修改 Calvo 定价模型上。

第七章

新凯恩斯菲利普斯曲线改进（Ⅱ）：包含内生供给冲击

在本书第四章中泰勒曲线（Taylor Curve）指出在供给冲击条件下，货币政策面临稳定产出缺口和稳定通货膨胀之间的两难选择。而货币政策实践也从事实上支持这一事实的存在。然而在本书的第二章中，经典的新凯恩斯菲利普斯曲线 $\pi_t = \beta E_t\{\pi_{t+1}\} + \kappa \tilde{y}_t$ 却隐含着稳定产出缺口与稳定通货膨胀之间的一致性。当通货膨胀稳定在零稳态水平时，产出缺口也将稳定在零的水平，稳定通货膨胀成为货币政策的最优选择。因此新凯恩斯主义模型的结论不仅和泰勒曲线的结论相矛盾，并且与政策实践冲突。

为了解决上述矛盾，Blanchard 和 Galí（2007）引入了“天赐巧合”（Divine Coincidence）的概念。作者认为在新凯恩斯主义模型中，自然产出（natural level）与有效产出（efficient level）之间的缺口是个常数，而且该缺口的大小不受外生冲击影响。因此产出缺口与有效产出缺口之间的差异是一个固定的常数，稳定产出缺口即意味着有效产出缺口。而“天赐巧合”特指稳定通货膨胀等同于稳定有效产出缺口（efficient output gap）的现象。

进一步，Blanchard 和 Galí（2007）认为导致“天赐巧合”的原因在于新凯恩斯模型中忽略了实际摩擦（real imperfection），如实际工资粘性。当新凯恩斯模型中加入实际工资粘性后，自然产出与有效产出之间的缺口将不再是常数，而且受外生冲击的影响。在这种情况下，稳定通货膨胀依然等同于稳定产出缺口，但是与稳定有效产出缺口之间将会存在冲突，"天赐巧合"将会消失。对于在稳定通货膨胀与稳定有效产出缺口之间进行选择的货币政策当局而言，稳定通货膨胀并非总是最优的政策选择。不仅如此，将实际工资粘性引入模型之后还可以解决经典新凯恩斯菲利普斯曲线无法解释通货膨胀惯性的问题。

第一节　新凯恩斯模型中的"天赐巧合"（Divine Coincidence）

Blanchard 和 Galí（2007）根据市场竞争结构和价格弹性特征将市场均衡分为三种状态，分别是完全竞争和弹性价格下得到的最优均衡（first best equilibrium）、垄断竞争和弹性价格下得到的次优均衡（second best equilibrium）以及垄断竞争和粘性价格下得到的粘性价格均衡（staggered price equilibrium），见表 7—1。需要特别强调的是在新凯恩斯宏观经济学文献中，基于完全竞争和弹性价格条件得到的均衡被称为有效率（efficient）均衡；而所谓的自然率水平则是指在垄断竞争和弹性价格下得到的均衡结果。不同市场环境下得到的均衡产出及产出缺口的定义见表 7—2。

表 7—1　　市场均衡分类

	完全竞争	垄断竞争
弹性价格	最优均衡（first best equilibrium）	次优均衡（second best equilibrium）
粘性价格	–	粘性价格均衡（staggered price equilibrium）

表 7—2　　新凯恩斯主义文献中相关产出缺口的定义

名称	含义
有效产出（efficient output）	价格弹性和完全竞争条件下的产出水平
自然产出（natural output）	价格弹性和垄断竞争条件下的产出水平
产出缺口（output gap）	实际产出偏离自然产出的比例
有效产出缺口（efficient output gap）	实际产出偏离有效产出的比例

一　模型的基本设定

（一）厂商

为了引入供给冲击，Blanchard 和 Galí（2007）假定存在一种数量给定的中间投入品 M，该投入品数量的变化反映供给冲击。假定所有厂商拥有共同的生产函数 $Y = M_t^{\alpha} N_t^{1-\alpha}$，$N$ 是劳动投入，产出只能用于消费。用小写字母表示自然对数，可以得到厂商的边际成本函数：

$$mc_t = w_t - mpn_t = w_t - (y_t - n_t) - \ln(1 - \alpha) \tag{7.1}$$

其中 w 是实际工作。

（二）家庭

家庭瞬时效用函数为 $U(C,N) = \ln(C_t) - \exp(\xi_t)\dfrac{N_t^{1+\varphi}}{1+\varphi}$，$C_t$ 是复合消费品，并假定各商品间的替代弹性为常数 ε，ξ 是消费偏好参数。用对数形式表示的休闲与消费的边际替代率为：

$$mrs_t = \frac{U'_{1-N}}{U'_C} = c_t + \varphi n_t + \xi_t \tag{7.2}$$

假定产出仅用于消费，产品市场均衡条件表明 $y_t = c_t$。

二　差异化市场结构及“天赐巧合”

（一）有效均衡（Efficient Allocation）

在完全竞争和弹性价格下得到的市场均衡被称为有效均衡。在此均衡中实际工资既等于劳动的边际产出，又等于休闲与消费的边际替代率。将上述两个关系联系起来可以得到有效均衡条件下的就业（n^e）和产出数量（y^e）：

$$(1+\varphi) n_t^e = \ln(1-\alpha) - \xi_t \tag{7.3}$$

$$y_t^e = \alpha m_t + \frac{1-\alpha}{(1+\varphi)}[\ln(1-\alpha) - \xi_t] \tag{7.4}$$

由于对数效用函数和柯布道格拉斯生产函数所隐含的收入效应与替代效应相等的特性，中间投入品 M 的增减并不影响有效均衡就业。根据方程（7.3），有效均衡就业仅受偏好冲击 ξ_t 的影响。但是有效均衡产出同时受中间品投入和偏好冲击的影响。

（二）弹性价格均衡（Flexible Price Equilibrium）

弹性价格均衡是在弹性价格和垄断竞争产品市场上得到的均衡，均衡时的产出水平正是新凯恩斯模型中所谓的自然产出。垄断竞争条件下厂商的最优定价表明 $mc_t + \mu^p = 0$，其中 μ^p 是厂商的加成比例，取决于商品的替代弹性 $\mu^p = \ln(\frac{\varepsilon}{\varepsilon - 1})$。① 代入（7.1）中得到：

$$w_t = (y_t - n_t) + \ln(1 - \alpha) - \mu^p \tag{7.5}$$

再次利用实际工资与边际替代率相等的关系，得到与方程（7.3）和（7.4）相对应的垄断竞争和弹性价格条件下的就业和产出自然率水平：

$$(1 + \varphi) n_t^n = \ln(1 - \alpha) - \mu^p - \xi_t \tag{7.6}$$

$$y_t^n = \alpha m_t + \frac{1 - \alpha}{(1 + \varphi)}[\ln(1 - \alpha) - \mu^p - \xi_t] \tag{7.7}$$

其中（n_t^n）和（y_t^n）分别是就业和产出的自然率水平。

由于中间品投入（m_t）和偏好冲击（ξ_t）具有时变性，因此无论有效产出（y_t^e）还是自然产出（y_t^n）都具有时变性特征，但是有效产出和自然产出之间的差是固定不变的。这一特征对于新凯恩斯宏观经济模型具有重要意义。

$$y_t^e - y_t^n = \frac{1 - \alpha}{(1 + \varphi)} \mu^p = \delta \tag{7.8}$$

（三）粘性价格均衡（Staggered Price Equilibrium）

如果在模型中加入 Calvo（1983）价格粘性，在零通货膨胀稳态

---

① 该结论中商品价格被标准化为1。

附近通货膨胀的可以表示为：

$$\pi_t = \beta E_t\{\pi_{t+1}\} + \lambda(mc_t + \mu^p) \quad (7.9)$$

其中 $\lambda \equiv \frac{(1-\theta)(1-\beta\theta)}{\theta}$，$\theta$ 表示单期内无法调整价格的厂商的比例；$(mc_t + \mu^p)$ 表示实际边际成本偏离稳态的百分比。[①] 进一步可以得到实际边际成本缺口（实际边际成本偏离稳态的比例）和产出缺口之间的关系以及新凯恩斯菲利普斯曲线：[②]

$$mc_t + \mu^p = \left(\frac{1+\varphi}{1-\alpha}\right)(y_t - y_t^n) \quad (7.10)$$

$$\pi_t = \beta E_t\{\pi_{t+1}\} + \kappa(y_t - y_t^n) \quad (7.11)$$

其中 $\kappa = \lambda(1+\varphi)/(1-\alpha)$。(7.11）表明稳定产出缺口与稳定通货膨胀之间是一致的，即当通货膨胀固定在零通货膨胀稳态处，自然，产出缺口（$y_t - y_t^n$）也等于0。Blanchard 和 Galí（2007）还特别指出供给冲击（m_t）和偏好冲击（ξ_t）并不直接出现在新凯恩斯菲利普斯曲线中，而是通过影响产出的自然率水平（y_t^n）间接发生影响。

---

① 该方程对应第二章附录方程（A.2.15）$\pi_t = \beta E_t\{\pi_{t+1}\} + \lambda\,\widehat{mc}_t$。本书第二章中指出在0通货膨胀稳态处，真实边际成本的稳态值为 $MC = (\varepsilon - 1)/\varepsilon$。借助本章的符号可以表示为 $\ln(MC) = -\mu^p$。因此（A.6.9）中（$mc_t + \mu^p$）表示实际边际成本偏离稳态的百分比。与第二章不同的是，在第二章中 $\lambda \equiv \frac{(1-\theta)(1-\beta\theta)}{\theta}\Theta$，其中 $\Theta \equiv \frac{1-\alpha}{1-\alpha+\alpha\varepsilon} \leqslant 1$，与本章略有差异。

② 方程（7.10）和（7.11）分别对应第二章（A.2.20）和（A.2.21）。

（四）“天赐巧合”的产生

由于方程（7.8）表明有效产出和自然产出之间的缺口是固定不变的，因此有效产出缺口（$y_t - y_t^e$）和产出缺口（$y_t - y_t^n$）之间的差距也是固定的，由此导致稳定通货膨胀与稳定有效产出波动（$y_t - y_t^e$）之间也产生表面上的一致性。即当通货膨胀被稳定在零稳态水平时，有效产出缺口（$y_t - y_t^e$）也稳定在固定的水平 $\delta = \frac{1-\alpha}{(1+\varphi)}\mu^p$。$\delta$ 与供给冲击（m_t）无关，仅受产品市场加成比例 μ^p 的影响。此时通货膨胀和有效产出缺口（$y_t - y_t^e$）的波动性（方差）都为零，因此社会损失函数最小化。[①]

既然稳定通货膨胀和稳定有效产出波动是一致的，再结合下文中将要讨论的货币政策目标函数，可以得出货币政策唯一的目标就是稳定通货膨胀。

第二节　包含实际工资粘性和价格粘性的新凯恩斯菲利普斯曲线

为了解决“天赐巧合”的问题，Blanchard 和 Galí（2007）尝试在模型中引入实际工资粘性。实际工资粘性的形式被主观设定为一阶自回归形式。

① 关于社会损失函数详见最优货币政策相关章节。

一　包含实际工资粘性的新凯恩斯菲利普斯曲线

假设劳动市场摩擦导致实际工资的动态方程为：

$$w_t = \gamma w_{t-1} + (1-\gamma) mrs_t \tag{7.12}$$

其中 w 是实际工资，mrs 是休闲与消费的边际替代率，γ 表示实际工资粘性系数。[①]

（一）包含实际工资粘性的弹性价格均衡

如果商品价格是弹性的，根据粘性工资设定方程以及上文中给出的效用函数和生产函数形式，在消费者效用最大化条件下可以得到：

$$\begin{aligned} w_t &= \gamma w_{t-1} + (1-\gamma)[y_t + \varphi n_t + \xi_t] \\ &= \gamma w_{t-1} + (1-\gamma)[\alpha(m_t - n_t) + (1+\varphi) n_t + \xi_t] \end{aligned} \tag{7.13}$$

由于产品价格被标准化为 1，垄断竞争厂商所遵循的边际成本加成定价原则表明：

$$w_t = mpn_t - \mu^p = \alpha(m_t - n_t) + \ln(1-\alpha) - \mu^p \tag{7.14}$$

根据方程（7.13）和（7.14）可以发现自然产出对有效产出的偏差可以表示为：

① 消费者效用最大化表明休闲与消费的边际替代率（定义为休闲与消费的边际效用之比）应该等于真实工资（消费品价格便准化为 1）。

$$(y_t^n - y_t^e) = \Theta_\gamma (y_{t-1}^n - y_{t-1}^e) + \Theta_\gamma (1 - \alpha)[\Delta m_t + (1 + \varphi)^{-1} \Delta \xi_t] - (1 - \Theta_\gamma)\delta \tag{7.15}$$

其中，$\Theta_\gamma = \frac{\gamma\alpha}{\gamma\alpha + (1-\gamma)(1+\varphi)} \in [0,1]$。方程（7.15）表明在模型中引入实际工资粘性后，自然产出和最优产出之间的缺口（$y_t^n - y_t^e$）由于受到供给冲击（Δm_t）和偏好冲击（$\Delta \xi_t$）的影响而不再是常数。由于 $\partial \Theta_\gamma / \partial \gamma > 0$，这表明自然产出和有效产出缺口（$y_t^n - y_t^e$）无论是规模还是持续性都将随着工资粘性程度的提高而增强。

（二）粘性价格均衡

通过生产函数、方程（7.1）和方程（7.13）可以得到实际工资粘性模型中边际成本对其稳态值的偏离方程为：

$$(mc_t - \mu^p) = \gamma(mc_{t-1} - \mu^p) + x_t^n \tag{7.16}$$

其中 $x_t^n = \frac{(1-\gamma)(1+\varphi)(y_t - y_t^n) + \gamma\alpha(\Delta y_t - \Delta y_t^n)}{1-\alpha}$ 是产出缺口（$y_t - y_t^n$）及其差分（$\Delta y_t - \Delta y_t^n$）的函数。将（7.16）代入（7.9）中可以得到包含工资粘性的新凯恩斯菲利普斯曲线：

$$\pi_t = \beta E_t\{\pi_{t+1}\} + \frac{\lambda}{1-\gamma L} x_t^n = \beta E_t\{\pi_{t+1}\} + \frac{\lambda}{1-\gamma L}\left[\frac{\lambda(1-\gamma)(1+\varphi)(y_t - y_t^n) + \gamma\alpha(\Delta y_t - \Delta y_t^n)}{1-\alpha}\right] \tag{7.17}$$

其中 L 是滞后算子。当通货膨胀率固定在零通货膨胀稳态时，产出缺口（$y_t - y_t^n$）也等于0。此时，稳定通货膨胀与稳定产出缺口仍然是一致的。进一步根据方程（7.15）和（7.17）可以得到包含有效产出缺口（$y_t - y_t^e$）和外生冲击的新凯恩斯菲利普斯曲线：

$$\pi_t = \beta E_t\{\pi_{t+1}\} + \frac{\lambda}{1-\gamma L}x_t^e - \frac{\gamma\alpha}{1-\gamma L}[\Delta m_t + (1+\varphi)^{-1}\Delta\xi_t] \tag{7.18}$$

其中，$x_t^e = \dfrac{(1-\gamma)(1+\varphi)(y_t - y_t^e + \delta) + \gamma\alpha(\Delta y_t - \Delta y_t^e)}{1-\alpha}$ 是与有效产出缺口（$y_t - y_t^e$）及其差分的函数。通货膨胀取决于通货膨胀预期、与有效产出缺口（$y_t - y_t^e$）、供给冲击（Δm_t）和偏好冲击（ξ_t）。由于包含了 $\dfrac{\gamma\alpha}{1-\gamma L}[\Delta m_t + (1+\varphi)^{-1}\Delta\xi_t]$ 这一项，通货膨胀稳定在零稳态无法保证与有效产出缺口（$y_t - y_t^e$）稳定在 δ 的水平。因此货币政策在稳定通货膨胀与稳定有效产出缺口两者之间可能存在不一致性。

二　一个供给冲击的例子：中间品价格冲击

假定 v 表示投入品 M_t 的真实价格，考察中间投入品价格上涨对通货膨胀的影响。基于柯布道格拉斯生产函数可以得到厂商的边际成本函数为 $mc_t = (1-\alpha)w_t + \alpha v_t + const$。中间品价格上升将会导致产出实际边际成本上升。根据（7.12）所定义的粘性实际工资决定方程可以得到

$$w_t = \gamma w_{t-1} + (1-\gamma)[\alpha(m)_t - n_t + (1+\varphi)n_t + \xi_t]$$

其中用到了产品市场均衡条件 $c_t = y_t = \alpha m_t + (1-\alpha) n_t$。厂商利润最大化条件表明劳动和中间品的边际产出之比等于相对价格 $m_t - n_t = (w_t - v_t) + \ln(\alpha/(1-\alpha))$。代入实际工资方程中得到：

$$w_t = \Gamma w_{t-1} + \frac{1-\Gamma}{1-\alpha}\left[\alpha\ln\left(\frac{\alpha}{1-\alpha}\right) - \alpha v_t + (1+\varphi) n_t + \xi_t\right] \tag{7.19}$$

其中 $\Gamma = \dfrac{\gamma}{1-\alpha(1-\gamma)}$。该方程表明，随着中间品价格的上升，实际工资将面临下降压力。随着中间品价格上升，将会导致生产过程中出现劳动替代中间品的现象。而劳动投入上升及其边际产出下降又会反过来压低实际工资。

另一方面，根据方程（7.1）可以得到：

$$mc_t = (1-\alpha)w_t + \alpha v_t - \Omega \tag{7.20}$$

其中 $\Omega = [\alpha\ln\alpha + (1-\alpha)\ln(1-\alpha)]$。方程（7.20）表明中间品价格上升还会直接导致边际成本上升。综合方程（7.19）和（7.20），中间品价格对边际成本的影响取决于上述两个因素的共同结果，进一步可以得到通货膨胀的变化方程：

$$\pi_t = \beta E_t\{\pi_{t+1}\} + \frac{}{1-\Gamma L}\left[\frac{(1-\Gamma)(1+\varphi)}{1-\alpha}(y_t - y_t^e + \delta) + \Gamma\alpha\Delta v_t\right] \tag{7.21}$$

该方程表明当外生冲击导致非产出投入品真实价格上升时，稳定通货膨胀要求降低实际工资。由于存在粘性，实际工资的下降只能通过降低有效产出缺口（$y_t - y_t^e$）实现。相反如果要稳定有效产出缺口（$y_t - y_t^e$）就要以提高通货膨胀率为代价。

三　包含工资粘性的货币政策两难选择

接下来，我们考察在包含粘性工资的 Blanchard 和 Galí（2007）模型中，货币政策是如何面临两难选择的。为简便起见，假设没有偏好冲击（$\xi_t = 0$），供给冲击服从随机游走过程 $\Delta m_t = \varepsilon_m$。在此假设下可以得到有效就业（$n^e$）是常数。

如果政府要将有效产出缺口稳定在与0平均通货膨胀相一致的水平，即 $y_t = y_t^e + \delta$，那么根据（7.18）可以得到 $\pi_t = \beta E_t\{\pi_{t+1}\} - \gamma\alpha/(1-\gamma L)\varepsilon_m$。在理性预期条件下，求解通货膨胀的结果为：

$$\pi_t = \gamma\pi_{t-1} - \lambda\gamma\alpha/(1-\beta\gamma)\varepsilon_m \tag{7.22}$$

当经济遭受负面冲击时（$\varepsilon_m < 0$），通货膨胀率将会上升。又由于 $0 < \gamma < 1$，通货膨胀在最初的上升之后将逐步回归到原有水平。

如果政府的目标是稳定通货膨胀，即 $\pi_t = E_t\{\pi_{t+1}\} = 0$。那么根据方程（7.18）可以得到有效产出缺口之间的关系为 $(y_t - y_t^e) = -(1-\Theta_\gamma)\delta + \Theta_\gamma(y_{t-1} - y_{t-1}^e) + (1-\alpha)\Theta_\gamma\varepsilon_m$，其中 $\Theta_\gamma = \dfrac{\gamma\alpha}{\gamma\alpha + (1-\gamma)(1+\varphi)}$。根据此方程，当经济面临供给冲击时，有效产出缺口将发生波动。与稳定有效产出缺口目标下通货膨胀对供给冲击的响应类似，在稳定通货膨胀目标下，最优产出缺口在遭受负面供给冲击后将先上升然后逐步回归到原有水平。

在现实经济中，政府往往会在一定程度上将稳定与有效产出缺口作为政策目标。因此在供给冲击下，政策不得不容忍通货膨胀率发生波动。根据方程（7.22），外生供给冲击造成的通货膨胀规模取决于四个参数 λ、γ、α 和 β。λ 是在新凯恩斯菲利普斯曲线框架下，通货膨胀对实际边际成本缺口的反应参数 $\equiv \frac{(1-\theta)(1-\beta\theta)}{\theta}$，该参数是经济中价格粘性程度参数（$\theta$）的减函数。$\gamma$ 表示经济中实际工资粘性的程度；α 代表生产函数中遭遇供给冲击的要素所占的份额。由此可见，在发生供给冲击时，价格粘性程度越大，通货膨胀上升幅度越小；工资粘性程度越大以及受冲击要素在生产函数中所占份额越大，通货膨胀上升的幅度就越大。而供给冲击发生后，通货膨胀上升的持续性则取决于工资粘性的程度（γ）。

具体地，Blanchard 和 Galí（2007）还给出了在稳定有效产出缺口和通货膨胀两个目标下，通货膨胀和有效产出缺口对中间品价格冲击的反应程度，见表 7—3。

表 7—3　　　　不同政策目标下供给冲击造成的扰动

政策目标	供给冲击造成的扰动
稳定有效产出缺口	$\frac{d\pi}{dv}=\frac{\lambda\alpha\gamma}{(1-\beta\gamma)(\alpha\gamma+(1-\alpha))}$
稳定通货膨胀	$\frac{d(y-y^{e})}{dv}=-\frac{\alpha\gamma}{(1-\gamma)(1+\varphi)}$

第八章

新凯恩斯菲利普斯曲线改进（Ⅲ）：非零稳态通货膨胀的广义新凯恩斯菲利普斯曲线

在第二章的经典模型中，稳态通货膨胀被假定为零，在此基础之上通过对数线性化得到新凯恩斯菲利普斯曲线。然而无论是从发达国家还是发展中国家的现实来看，零通货膨胀稳态假设并不符合现实。例如从1990年到次贷危机爆发的2008年，美国用消费者价格指数衡量的平均通货膨胀率为2.8%，德国平均为2.2%，整个OECD国家平均达到4%。在货币政策实践中，采取通货膨胀盯住制国家的中央银行多数将通货膨胀目标定在2%左右，而非理论模型中所假定的零通货膨胀。在金融危机之后，一些经济学家更是建议要将通货膨胀目标值提升，降低货币政策触及零利率下限的概率。例如Blanchard等（2010）建议美国将通货膨胀率的目标值设定在4%左右。

尽管在实证研究中经济学家已经对通货膨胀的各种特征进行了深入研究，但是对趋势性通货膨胀（即非零稳态通货膨胀）的理论意义，特别是对货币政策的影响研究相对有限。Ascari（2004）和Ascari、Sbordone（2014）在非零稳态通货膨胀假设下对新凯恩菲利普斯曲线进行了扩展，得到广义新凯恩斯菲利普斯曲线（Generalized New Keynesian Phillips Curve，GNKPC）。和传统的新凯恩斯菲利普斯曲线相比，在广义新凯恩斯菲利普斯曲线模型之下，通货膨胀展现出更强的前瞻性特征，而且趋势性通货膨胀的改变将会影响通货膨胀与真实经济活动的关系。

第一节　广义新凯恩斯菲利普斯曲线模型的基本设定

本章以 Ascari（2004）为例，分析“新共识”模型中零通货膨胀稳态假设可能造成的后果极其改进。经济主体由无限期生存的家庭、最终品厂商和中间品厂商的连续统构成。下面我们将分别介绍各类主体的最优化问题。

一　家庭的最优化问题

假设家庭部门由［0，1］的连续统构成，代表性家庭的瞬时效用函数为：

$$U = \{[b\,C_t^{\eta-1/\eta} + (1-b)b\,m_t^{\eta-1/\eta}]^{\eta/\eta-1}(1-L_t)^{e}\}^{1-\chi}/(1-\chi) \tag{8.1}$$

家庭部门单期预算约束为：

$$P_t(C_t + K_t) + M_t + B_t = P_t[w_t L_t + (1+r_t)K_{t-1}] + M_{t-1} + (1+i_{t-1})B_{t-1} + \Gamma_t + T_t$$

其中 C_t 是消费，K_t 是资本存量，M_t 是名义货币余额，$m_t = M_t/P_t$ 是实际货币余额，w_t 是实际工资，L_t 是劳动，r_t 表示实际利率，B_t 是单期无风险债券，名义收益率为 i_{t-1}，Γ_t 是垄断竞争厂商的利润，T_t 是转移支付。[①] 家庭效用最大化可以得到以下结果：

1. 劳动供给函数：

$$w_t = [1 + \bar{b}(m_t / C_t)^{\frac{\eta-1}{\eta}}] e C_t / (1 - \chi) \tag{8.2}$$

其中 $\bar{b} = (1 - b)/b$，该方程表示休闲和消费的边际效用之比等于实际工资。

2. 货币需求函数：

$$\frac{U_{m,t}}{U_{c,t}} = \bar{b}(C_t / m_t)^{\frac{1}{\eta}} = \frac{i_t}{1 + i_t} \tag{8.3}$$

此外消费的 Euler 方程可以表示为 $E_t\left(\frac{U_{C,t+1}}{U_{C,t}}\beta(1 + r_t)\right) = 1$。

二　厂商的最优化问题

假设产品市场包含一个完全竞争的最终产品市场和一个垄断竞争的中间品市场。

1. 最终产品厂商

最终产品的生产函数为 $Y_t = \left[\int_0^1 Y_{i,t}^{\frac{\theta-1}{\theta}} di\right]^{\frac{\theta}{\theta-1}}$，其中 $Y_{i,t}$ 表示第 i 种中间品的投入量。根据完全竞争市场的零利润条件，可以得到最终产品

① 为了简洁，此处无论是目标函数还是预算约束都省略了家庭的编号。下文中家庭部门的整体变量是各家庭加总的结果。

的价格函数 $P_t = \left[\int_0^1 P_{i,t}^{1-\theta} di\right]^{\frac{1}{1-\theta}}$，其中 $P_{i,t}$ 是 t 时期中间品 i 的价格。利润最大化的厂商对中间品的需求函数为 $Y_{i,t+j} = \left(\frac{P_{i,t}}{P_{t+j}}\right)^{-\theta} Y_{t+j}$，其中 P_{t+j} 是$t+j$时期最终产品的价格。

2. 中间品厂商

为了引入价格粘性，假设每一期中间品厂商仅有 $1-\alpha$ 的概率调整价格。对于可以最优化价格的中间品厂商而言，其最优化问题为通过设定价格最大化预期价格粘性期间的利润。

$$\max_{\{P_{i,t}\}} E_t\left(\sum_{j=0}^{\infty} \alpha^j \Delta_{t,t+j} F_{t+j}\right) =$$
$$E_t\left(\sum_{j=0}^{\infty} \alpha^j \Delta_{t,t+j}\left[\left(\frac{P_{i,t}}{P_{t+j}}\right) Y_{i,t+j} - TC_{i,t+j}(Y_{i,t+j})\right]\right) \tag{8.4}$$

其中 $\Delta_{t,t+j}$ 是中间品厂商从 t 到 $t+j$ 时期的实际贴现率，为简便起见假设厂商的实际贴现率与家庭的贴现率 β 相同。F 是实际利润，TC 是厂商的实际总成本函数，$Y_{i,t+j}$ 是 t 时期获得价格调整机会的厂商在时期 $t+j$ 的预期产出。中间品厂商面临的需求函数为 $Y_{i,t+j} = \left(\frac{P_{i,t}}{P_{t+j}}\right)^{-\theta} Y_{t+j}$。

求解中间品厂商的最优化问题可以得到：

$$P_{i,t}^{*} = \frac{\theta}{\theta-1} \frac{E_t\left\{\sum_{j=0}^{\infty} (\alpha\beta)^j \left[MC_{i,t+j} P_{t+j}^{\theta} Y_{t+j}\right]\right\}}{E_t\left\{\sum_{j=0}^{\infty} (\alpha\beta)^j \left[P_{t+j}^{\theta-1} Y_{t+j}\right]\right\}} \tag{8.5}$$

其中，$MC_{i,t+j}$ 是实际边际成本，上述方程中还用到 $\Delta_{t,t+1} = \beta$ 的假设，即厂商的贴现率与家庭贴现率相等。根据方程（8.3），中间品厂商最优定价可以表示成递归形式：

$$P_{i,t}^{*} = \frac{\theta}{\theta - 1}\frac{\Psi(t)}{\Phi(t)} \tag{8.6}$$

其中，$\Psi(t) = MC_{i,t} P_t^{\theta} Y_t + \alpha\beta E_t[\Psi(t+1)]$，$\Phi(t) = P_t^{\theta-1} Y_t + \alpha\beta E_t[\Phi(t+1)]$。假设中间品厂商的生产函数为 $Y_{i,t} = A_t K_{i,t-1}^{1-\sigma} L_{i,t}^{\sigma}$，中间品厂商的成本最小化问题可以表示为：

$$\min_{\{K_{i,t-1},L_{i,t}\}} q_t K_{i,t-1} + w_t L_{i,t}$$
$$\text{s. t } Y_{i,t} = A_t K_{i,t-1}^{1-\sigma} L_{i,t}^{\sigma}$$

其中，q_t 是资本的实际使用成本，w_t 是实际工资。中间品厂商的成本最小化问题可以得到厂商的要素需求函数和实际边际成本。

劳动需求函数：

$$L_{i,t} = \frac{1}{A_t}\left(\frac{1-\sigma}{\sigma}\frac{w_t}{q_t}\right)^{\sigma-1} Y_{i,t} \tag{8.7}$$

资本需求函数：

$$K_{i,t-1} = \frac{1}{A_t}\left(\frac{1-\sigma}{\sigma}\frac{w_t}{q_t}\right)^{\sigma} Y_{i,t} \tag{8.8}$$

中间品厂商的边际成本函数：

$$MC_{i,t} = \frac{1}{A_t}\left(\frac{w_t}{\sigma}\right)^{\sigma}\left(\frac{q_t}{1-\sigma}\right)^{1-\sigma} \tag{8.9}$$

除了上述基本设定之外，假设货币供给方程为 $M_t = \gamma_t M_{t-1}$，其中 γ_t 是个随机变量，其稳态值为 γ 。货币供给过程通过向家庭进行转移支付完成 $T_t = M_t - M_{t-1}$ 。

三　市场均衡条件

在该模型中包含以下约束和市场出清条件：

1. 总资源约束条件为：

$$Y_t = C_t + X_t \tag{8.10}$$

其中 $X_t = \int_0^1 X_{i,t} di$ 是总投资，$X_{i,t}$ 是中间品厂商 i 的投资。用 K_t 表示加总的资本存量，因此加总的资源约束亦可表示为 $Y_t = C_t + K_t - K_{t-1}$ 。

2. 加总的中间品市场出清条件：

$$IO_t = A_t K_{t-1}^{1-\sigma} L_t^{\sigma} \tag{8.11}$$

其中 IO_t 是加总的中间品总需求，L_t 是加总的劳动数量。IO_t 的具体定义为：

$$IO_t = \int_0^1 Y_{i,t} di = \int_0^1 \left(\frac{P_{i,t}}{P_t}\right)^{-\theta} Y_t di = \int_0^1 (P_{i,t})^{-\theta} di \, P_t^{\theta} Y_t \tag{8.12}$$

定义 $\widetilde{P}_t = \left[\int_0^1 P_{i,t}^{-\theta} di\right]^{-\frac{1}{\theta}}$，那么加总的中间品总需求可以表示为 $IO_t = \int_0^1 Y_{i,t} di = \left(\frac{P_t}{\widetilde{P}_t}\right)^{\theta} Y_t$。

3. 资本市场出清条件：

$$K_{t-1} = \int_0^1 K_{i,t-1}^d di = \frac{IO_t}{A_t}\left[\frac{1-\sigma}{\sigma}\frac{w_t}{q_t}\right]^{\sigma} \tag{8.13}$$

4. 劳动市场出清条件：

$$L_t^d = \int_0^1 L_{i,t}^d di = \frac{IO_t}{A_t}\left[\frac{\sigma}{1-\sigma}\frac{q_t}{w_t}\right]^{1-\sigma} = L_t^s \tag{8.14}$$

5. 债券市场出清条件表明加总后的债券存量 $B_t = 0$。最后模型的均衡条件还包括 $r_t = q_t - \delta$。

在对模型的基本设定进行描述之后，我们可以发现货币的稳态增长率 γ 将会决定模型达到稳态后的通货膨胀率。当 γ 不等于 1 的时候，模型将会呈现非零稳态通货膨胀；而且 γ 越高，模型的稳态通货膨胀率就越高。在下一节中将重点考察在价格粘性模型中引入非零稳态通货膨胀后模型发生的变异。

第二节　非零稳态通货膨胀的 Calvo 模型

为了讨论趋势性通货膨胀对新凯恩斯菲利普斯曲线的影响，需要在 Calvo 粘性价格模型中加入非零通货膨胀稳态。研究结果表明，在模型中假设稳态货币总增长率或者通货膨胀率$\gamma > 1$，不仅会影响模型的稳态值，还会影响模型的动态特征。

一　趋势性通货膨胀对模型稳态的影响

为了在模型中引入趋势性通货膨胀，Ascari（2004）假设非零稳态货币增长率γ，稳态时通货膨胀率等于长期货币增长率。在此设定下，当经济达到稳态时，真实变量固定不变，而名义变量则有与货币有相同的增长率。在存在趋势性通货膨胀假设下，Ascari（2004）有如下发现：

1. 稳态通货膨胀存在上限：

稳态时重新优化价格的厂商所设定的价格$P_{i,t}$与一般价格水平P_t的比例将保持不变，可以得到：

$$\frac{P_{i,t}}{P_t} = \frac{\theta}{\theta - 1}\left(\frac{1 - \alpha\beta\gamma^{\theta-1}}{1 - \alpha\beta\gamma^{\theta}}\right)MC \tag{8.15}$$

由于方程（8.15）的分子与分母必须收敛，因此有$\alpha\beta\gamma^{\theta} < 1$，即$\gamma < (\alpha\beta)^{-1/\theta}$，该方程表明在该模型中稳态通货膨胀或者货币增长率存在最大值。α是价格保持粘性的概率，β是中间品厂商的贴现因子，θ是中间品的替代弹性。通过对α、β、θ赋值，可以确定理论上该模型稳态通货膨胀的上限。例如Ascari（2004）根据DSGE文献中通常对参数的设定，在季度模型中取$\alpha = 0.75$，即价格平均固定期为1年；$\beta = (0.965)^{1/4}$，即年度贴现率是0.965；$\theta = 10$，即在垄断竞争中间品厂商的加成为1.1倍。由此可以得到γ的季度取值应小于1.03，折合年度货币增长率或稳态通货膨胀率应小于12%左右。如果现实中趋势性通货膨胀接近或高于该理论极限值，那么模型的可靠性将大打折扣。

2. 稳态产出对趋势性通货膨胀的变化极其敏感：

Ascari（2004）还发现稳态产出对趋势性通货膨胀的变化极其敏感，趋势性通货膨胀的微小变化往往会导致稳态产出剧烈波动。稳态通货膨胀越高，稳态产出与零通货膨胀对应的稳态产出之间的缺口越高。如果遵从 McCallum 和 Nelson（1999）的设定，令中间品生产函数短期内独立于资本存量，即 $Y_{i,t} = A_t L_{i,t}^{\sigma}$，那么非零稳态通货膨胀产生的扭曲后果将更加严重，详见表 8—1。

表 8—1　　Calvo 模型中稳态产出与稳态通货膨胀率的关系

	稳态通货膨胀率/%	稳态产出低于零通货膨胀时稳态产出的比例/%
资本存量可变	10	26
	8	10
	5	3
资本存量固定	7	39
	5	11.5

资料来源：Ascari（2004）。

此外，就模型中的主要参数，Ascari（2004）还进行了比较静态分析，见表 8—2。

表 8—2　　包含趋势性通胀的 Calvo 模型的比较静态分析

参数	影响
θ：中间品需求弹性	中间品需求弹性 θ 越高，相对价格对厂商产出水平的影响越高，产出损失越大
σ：中间品产出中劳动所占份额	中间品产出中劳动所占份额 σ 越低，规模报酬递减的程度越高，产出损失越大

资料来源：Ascari（2004）。

那么，为什么非零稳态通货膨胀假设会给模型结果造成重大冲击呢？在零通货膨胀稳态 Calvo 模型中，当经济达到稳态时只有一个价格。所有的厂商均将价格固定在该水平，并且生产相同数量的产出。然而当经济中存在趋势性通货膨胀时，稳态仅表明价格的增长率相同，但厂商所设定的价格和产量可能有差异。由于效用函数和生产函数中普遍存在的非线性特征，厂商间价格和产出的差异（dispersion）导致总产出损失。

二 趋势性通货膨胀对模型动态特征的影响

除了影响模型的稳态特征外，趋势性通货膨胀还会影响模型的动态特征。

将（8.3）在趋势性稳态通货膨胀（γ）处进行对数线性化得到（小写字母表示对稳态偏离的百分比）：

$$p_{it} - p_t = E_t \sum_{j=0}^{\infty} (\alpha\beta\gamma^{\theta})^j (1-\alpha\beta\gamma^{\theta})[\theta\pi_{t,t+j} + y_{t+j} + mc_{t+j}] - E_t \sum_{j=0}^{\infty} (\alpha\beta\gamma^{\theta-1})^j (1-\alpha\beta\gamma^{\theta-1})[(\theta-1)\pi_{t,t+j} + y_{t+j}] \quad (8.16)$$

结合对一般价格水平对数线性化结果：

$$p_{it} - p_t = \frac{\alpha\gamma^{\theta-1}}{1-\alpha\gamma^{\theta-1}}\pi_t$$

得到新凯恩斯菲利普斯曲线的一般化形式：

$$\pi_t = \left(\frac{1-\alpha\gamma^{\theta-1}}{\alpha\gamma^{\theta-1}}\right)(1-\alpha\beta\gamma^{\theta})\, mc_t + \beta E_t\pi_{t+1} + (1-\gamma)\beta(1-\alpha\gamma^{\theta-1}) \times$$

$$\left\{y_t-\left(\theta+\frac{\alpha\gamma^{\theta-1}}{1-\alpha\gamma^{\theta-1}}\right)E_t\pi_{t+1}-\left(1-\frac{\alpha\beta}{\gamma^{1-\theta}}\right)E_t\sum_{j=0}^{\infty}\left(\frac{\alpha\beta}{\gamma^{1-\theta}}\right)^j\left[(\theta-1)\pi_{t+1,t+1+j}+y_{t+1+j}\right]\right\}$$

将上述方程写成紧凑形式可以得到：

$$\pi_t=\bar{\lambda}(\gamma)mc_t+\beta E_t\pi_{t+1}+(1-\gamma)F(E_t\pi_{t+i},E_ty_{t+i}),i=0,\cdots,\infty \tag{8.17}$$

其中，$\bar{\lambda}(\gamma)=\left(\frac{1-\alpha\gamma^{\theta-1}}{\alpha\gamma^{\theta-1}}\right)(1-\alpha\beta\gamma^{\theta})$。与零通货膨胀稳态模型相比，通货膨胀对边际成本缺口的系数受稳态通货膨胀率γ的影响。如上文在季度模型中取$\alpha=0.75$、$\beta=(0.965)^{1/4}$和$\theta=10$，可以得到γ不同取值下参数$\bar{\lambda}(\gamma)$的取值，并计算$\bar{\lambda}(\gamma)$偏离$\gamma=1$基准情况的百分比，见表8—3。该表的结果显示，稳态通货膨胀率越高，$\bar{\lambda}(\gamma)$的取值越低，即通货膨胀率对边际成本的缺口越不敏感。例如当年度趋势通货膨胀率达到2%时，$\bar{\lambda}(\gamma)=0.6$，比稳态通货膨胀率为0时的基准状况0.086低30%。该结果定性地表明，如果趋势通货膨胀大于零，那么在零稳态通货膨胀率下对数线性化的结果将会高估通货膨胀对边际成本的响应程度，而且趋势通货膨胀率越高，模型造成的偏差也越大。

表8—3　　参数$\bar{\lambda}(\gamma)$与稳态通货膨胀率γ的关系

	$\gamma=1$	$\gamma=1.02^{1/4}$	$\gamma=1.05^{1/4}$	$\gamma=1.08^{1/4}$	$\gamma=1.1^{1/4}$
$\bar{\lambda}(\gamma)$	0.086	0.06	0.031	0.012	0.0043
$1-\bar{\lambda}(\gamma)/\lambda$		30%	64%	86%	95%

资料来源：Ascari，Guido，“Staggered prius and trend in flation：some nuisances”，*Review of Economic Dynamics* 7.3，pp. 642－667，2004.

第三编　金融危机后货币政策理论的反思和发展

金融危机之后，美国、英国和欧洲各国中央银行面临的是常规货币政策失效的问题，即当名义利率降到零之后实体经济仍然不见恢复。在此背景下，借鉴日本在2001年至2006年所采取的“量化宽松”政策，各主要中央银行相继采取了所谓“非常规”货币政策。而在非常规货币政策的实施过程中，在不断探索新的货币政策工具（例如前瞻性指导）的同时，也在对原有的货币政策框架进行反思。本书的第三部分，将对金融危机后西方发达国家货币政策实践以及相应货币政策理论的反思和发展进行总结。

本书的第三部分包括第九章和第十章。第九章“金融危机后发达国家的货币政策实践”主要总结金融危机后发达国家的货币政策实践，并特别总结了金融危机后各国采取的非常规货币政策与日本银行在2001年到2006年所采取的“量化宽松”货币政策的区别。针对有的观点，如金融危机之后，只有美国的非常规货币政策有效，而包括欧元区和日本非常规货币政策均没有取得预期效果的关系，我们还比较了美国、欧元区和日本等各经济体非常规货币政策的区别，并分析了导致这些差异背后的原因。

本书的第十章“金融危机后货币政策框架的反思和发展”全面总结了金融危机后西方发达国家关于货币政策理论的全面反思及其发展。当货币政策全面转向所谓“非常规”框架时，政策当局和经济学家也在对危机之前货币政策理论乃至最近40年宏观经济学理论的发展进行了深入的反思和激烈的争论。具体就货币政策而言，危机之后的反思和争论主要集中在三个方面：第一，如何看待金融摩擦对经济周期和货币政策传导的影响；第二，货币政策是否应该对潜在的资产泡沫采取预防性干预措施；第三，主流的货币政策规则（通货膨胀目标制和泰勒规则）如何进行改进。这些反思是对现有货币政策理论和执行框架的扬弃，必将对货币政策理论和未来的货币政策实践产生重要影响。

第九章

金融危机后发达国家的货币政策实践

2008 年次贷危机全面爆发之后，美国和英国率先开始实施以量化宽松为代表的“非常规”货币政策，并且对“非常规”货币政策不断加码。然而日本和欧洲在“非常规”货币政策实施方面却并不积极。“非常规”货币政策对于稳定价格和通货膨胀有比较明显的作用，但对产出和就业恢复作用有限。在本章中，我们重点分析了“非常规”货币政策的传导机制以及美英与日本和欧洲地区在实施“非常规”货币政策方面的差异。

第一节 “非常规”货币政策的理论基础

次贷危机和欧洲主权债务危机爆发之后，美国、英国以及欧洲地区在货币政策实施方面都面临着零利率下限约束问题，相继开始采取所谓“非常规”货币政策。早在次贷危机爆发之前，日本曾经在 2001 年到 2006 年之间长期实施零利率货币政策，因此有经济学家认为日本是在大型经济体中最早实施“非常规”货币政策的国家。

尽管在具体的政策执行方式上存在一定的差异，“非常规”货币政策基本上是通过由中央银行购买政府债券或者私人资产的方式将货币直接注入到经济中去。Borio 和 Disyatat（2009）认为“非常规”货币政策的主要特征可以概括为中央银行主动地使用其资产负债表来干预除短期利率之外的金融市场价格和市场条件（market prices and conditions），并将“非常规”货币政策形象地称为“资产负债表政策（balance sheet policies）”，而“非常规”货币政策是否能够发挥作用的关键在于其是否能够影响私人部门的资产负债表。

通过购买金融资产，“非常规”货币政策可以产生几个方面的影响：

第一，中央银行的交易对手方通过卖出资产可以获得必要的流动性，从而增强了自身资产的安全性，有利于稳定金融市场。

第二，中央银行通过购买特定金融资产推动资产价格上升，这一方面会产生财富效应，刺激消费或者投资；另一方面资产价格上升所导致的收益率下降也有利于降低融资成本。

第三，对于私人金融机构而言，向中央银行出售资产将会获得准备金，而准备金的增加将可能推动金融机构对家庭和企业增加信贷供给。

第四，除了上述有形的渠道之外，货币数量的增加将会产生通货膨胀预期，拉动实际利率下降，有利于实体经济复苏。

“非常规”货币政策的传导渠道见图 9—1。

在经济危机期间，金融机构的风险往往会发生逆转。“非常规”货币政策是否有效很大程度上取决于其是否能有效地影响信贷市场的供需双方。从信贷供给来看，“非常规”货币政策是否有效取决于它是否能够降低贷款成本和增加信贷供给，即家庭和企业是否能够以更便宜的价格借到更多的贷款。从信贷需求方来看，“非常规”货币政策是否有效取决于它是否能够有效地修复家庭和企业的资产负债表，

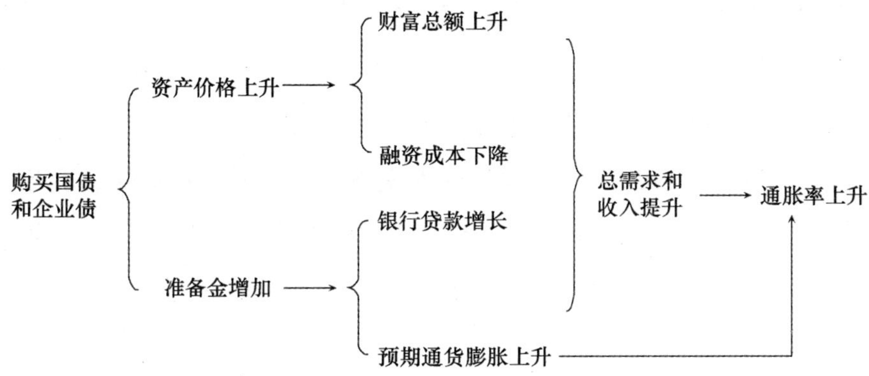

图 9—1　“非常规”货币政策的主要传导渠道

实现企业去杠杆。只有信贷供求双方都得到改善，“非常规”货币政策才能取得预期效果。

因此尽管都是资产负债表扩张，但是在“非常规”货币政策实施过程中资产方和负债方扩张的效果可能大不相同。① Yellen（2009）比较了金融危机后美联储所推行的“非常规”货币政策与日本银行在2001—2006 年期间推行的“量化宽松”的差异。日本银行在 2001—2006 年期间则主要是致力于通过中央银行“资产负债表”的负债端扩大商业银行超额准备金的数量，其目标在于商业银行增加对外贷款。美联储的“非常规”货币政策不仅增加了银行系统的超额准备金，而且致力于通过中央银行“资产负债表”的资产端为特定受损市场注入流动性，其目标在于恢复市场功能。

Yellen（2009）认为在零利率附近，短期政府债券和现金都是接近零收益的无风险资产，两者有很强的替代性。此时中央银行通过公

① Yellen（2009）认为日本银行在 2001—2006 年实施的是以负债方为主的“非常规”货币政策；而美联储在次贷危机之后实施的是以资产方为主的“非常规”货币政策。

开市场操作增加商业银行持有的超额准备金头寸，降低其持有的短期国债，对改变商业银行放贷意愿没有显著影响。作者因此断言2001—2006年日本式量化宽松尽管导致商业银行超额准备金快速增加，但对银行贷款和实体经济的影响却非常有限。然而长期维持零利率政策，对于现实货币政策当局坚定的反通货紧缩立场和稳定市场预期仍然是有帮助的。

第二节 “非常规”货币政策的实施进程

作为“非常规”货币政策的代名词，“量化宽松”（Quantitative Easing）最初是由日本银行为应对21世纪初出现的通货紧缩在2001年开始采取的，并一直持续到2006年。

一 次贷危机之前的非常规货币政策

面对20世纪90年代开始持续的经济停滞和严重的不良债权问题，从1999年年初，日本银行开始实行“零利率”政策。但是这一政策的效果并不明显，由于传统货币政策已失去操作空间，日本必须采取其他方法来实施进一步的宽松政策，2001年3月日本银行引入了“量化宽松”政策，最终于2006年退出。

对于2001年日本银行的量化宽松政策而言，其核心有三个方面：第一，日本银行货币政策目标从活期贷款利率（call rate）转变为金融机构存款准备金，由于金融机构存款准备金是中央银行的负债，因此上一轮日本的量化宽松政策被认为是中央银行通过其资产负债表的

"负债方"主动实施的货币政策；第二，日本银行承诺核心 CPI 通货消失之前持续采用量化宽松政策，这一点与日后美国非常规货币政策中的"前瞻性指导"颇为相似；第三，日本银行承诺购买长期国债来为市场增加流动性，这一点也与美国非常规货币政策中的扭曲操作相似（Franta，2011）。可以看出，日本最早一轮量化宽松货币政策与次贷危机之后美、英等国的非常规货币政策在操作方式等很多方面存在相似之处。

2006 年日本银行退出量化宽松货币政策，而且将货币政策目标重新调整为活期贷款利率，并继续实施零利率政策。但 2006 年日本银行退出量化宽松政策之时，CPI 季度环比增长率并未显著高于 0；而实际 GDP 季度环比增速仅比之前稍高，见图 9—2。在退出量化宽松政策之后，日本在 2007 年年初重新陷入通货紧缩。

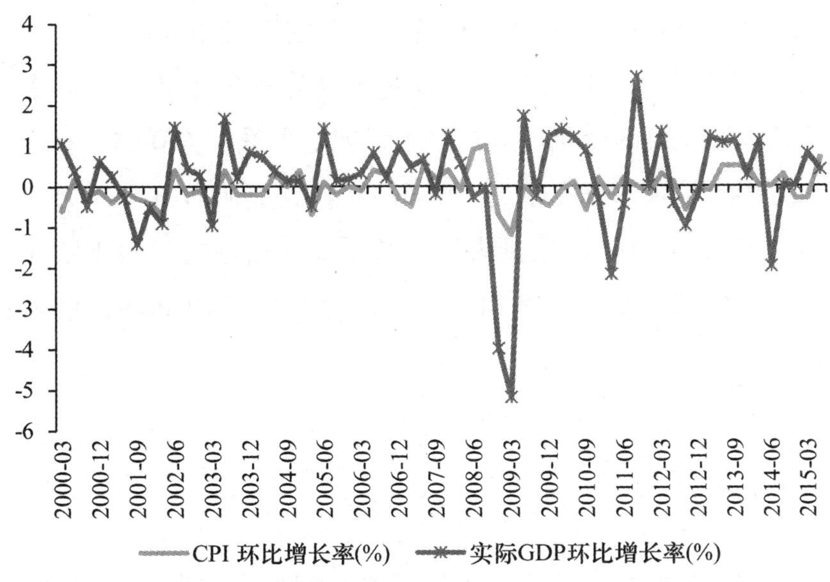

图 9—2　日本的消费者价格指数环比增长率和实际 GDP 环比增长率

二 次贷危机之后的非常规政策

2008年之后美联储和英格兰在主要中央银行中率先开始实施“非常规”货币政策。这一方面是由于美国和英国是遭受次贷危机直接打击的国家，另一方面也与时任美联储主席伯南克的货币政策理论有关。日本最初实施“量化宽松”政策时，宽松的对象主要是指金融机构的准备金，这与次贷危机之后美国所实施的“Credit easing”存在一定差异。[①] 除了所谓的信贷宽松之外，美联储还提出了所谓的前瞻性指导的概念。2013年4月之后，日本银行又开始新一轮“非常规”货币政策，并将其定义为附加前瞻性指导的“质、量双宽松政策”（Quantitative and Qualitative Monetary Easing，QQE）。[②] 在该货币政策框架下，日本中央银行在消费者价格指数稳定在年增长率达到2%之前，都将持续采取量化宽松的“非常规”货币政策。

表9—1给出了各国中央银行实施量化宽松货币政策之后中央银行资产负债表规模的变化。从扩张的程度上来看，美联储、日本银行和英格兰银行扩张的程度相当。从2007年年底到2015年7月，上述央行资产规模与GDP的比例大致增长了3.3倍左右。由于欧元区正式实施“非常规”货币政策相对较晚，总资产占GDP的比例增长约1.1倍。

---

① Bernanke，Ben S.，（2009）．“The Crisis and the Policy Response”，*Stamp Lecture*，*London School of Economics*，January 13.

② http：//www.boj.or.jp/.

表 9—1　　主要国家（地区）中央银行非常规货币政策状况

	时间	总资产(% GDP)	基础货币(% GDP)	资产购买(% GDP)
欧洲央行	2007 年年底	9.9	8.8	
	2015 年 7 月	20.7	15.2	5.2
美联储	2007 年年底	5.8	5.7	
	2015 年 7 月	24.5	22.7	24.3
日本银行	2007 年年底	16.3	17.1	
	2015 年 7 月	70.1	66.0	63.6
英格兰银行	2007 年年底	5.4	4.4	
	2015 年 7 月	23.4	21.7	20.9

注：欧洲中央银行资产最高规模在 2012 年 6 月欧洲主权债务危机期间达到 GDP 的 26.2%，基础货币达到 GDP 的 18%。

资料来源：Constâncio（2015）。

（一）美国非常规货币政策的实施进程

在金融危机的初期，美联储主要是鼓励金融机构通过贴现窗口从中央银行获得流动性。由于担心使用贴现窗口本身可能会产生负面影响，商业银行对美联储的政策反应并不积极，为此美联储推出并不断扩大了短期拍卖工具（Term Auction Facility，TAF）来为金融机构提供再贴现贷款。短期拍卖工具（TAF）使得美联储可以为被当地联储银行认定为财务状况稳健的存款机构提供短期抵押担保贷款。除此之外，美联储还通过增加更长期限（最长达 84 天）贷款供给以及提供短期拍卖工具贷款远期拍卖（forward auctions on TAF loans）等方式解决货币市场流动性不足的情况。随着危机的不断深入，美联储的贴现窗口贷款机制不断扩大。与传统的金融市场最终贷款人角色相比，这些再贴现工具不仅延长了贷款的期限，而且放宽了可接受的抵押品的范围和放款的对象。

雷曼兄弟破产之后，美联储开始通过扩张其资产负债表来为信贷市场注入流动性，助其恢复功能。与此前历次金融动荡不同，除了传统的商业银行系统之外，所谓“影子银行”系统也深陷金融危机之中，“非常规”货币政策亦将“影子银行”系统也纳入其中。Yellen（2009）总结了金融危机后美联储所推行的“非常规”货币政策与日本银行在2001—2006年期间推行的“量化宽松”的差异。日本银行在2001—2006年期间则主要是致力于通过中央银行“资产负债表”的负债端扩大商业银行超额准备金的数量，其目标在于商业银行增加对外贷款。美联储的“非常规”货币政策不仅增加了银行系统的超额准备金，并且致力于通过中央银行“资产负债表”的资产端为特定受损市场注入流动性，其目标在于恢复市场功能。

在“非常规”货币政策实施过程中，Bernanke（2009）将货币政策工具区分为三种类型。

第一类金融工具在金融市场上为健康的金融机构提供短期流动性（extend liquidity）。但是美联储为银行间市场提供流动性并不是解决经济危机的万能药。由于风险偏好改变，尽管银行间在市场上的流动性充足，但金融机构信贷扩张（extend credit）的意愿大打折扣，美联储对金融机构扩张流动性的供给无法全面解决非银行市场（non-bank markets，例如商业票据市场和资产抵押证券市场）信贷不足的情况。

第二类金融工具直接在信贷市场上为借款者和投资者提供流动性，例如直接购买商业票据和货币市场共同基金等。这一类金融工具的目的是试图将银行间市场上的流动性传递到借贷市场，避免信贷市场面临短期大量资产赎回时出现动荡，同时降低那些相对期限较长资产的展期风险（rollover risk），激励私人投资者向市场提供信贷资金。

第三类金融工具通过购买长期资产来降低长期利率，支持信贷市场正常发挥作用。这三种“非常规”货币政策工具的共同点是通过扩张美联储资产负债表的总资产（信贷扩张和购买资产）来实现货币政策扩张。美国量化宽松政策实施的过程参见表9—2。

表9—2　　美国非常规货币政策的实施过程

时间	失业率（%）	通货膨胀率（%）	“非常规”货币政策操作
2008年11月	6.8	1.1	第一轮量化宽松（QE1）
2010年11月	9.8	1.1	第二轮量化宽松（QE2）
2011年9月	9.0	3.9	扭曲操作（Operation Twist，OT）
2012年9月	7.8	2.0	第三轮量化宽松（QE3）
2012年12月	7.9	1.7	第四轮量化宽松（QE4）

注：失业率为季节调整后调查调和失业率，通货膨胀率为同比CPI增长率。

（二）欧元区非常规货币政策的实施进程

与美国相比，欧元区最初在采取“非常规”货币政策方面并不积极。2009年5月欧洲中央银行将基准利率降到1%之后，既不愿意将利率长期维持在零的水平，也不愿意采取英美等国所采取的“非常规”货币政策。直到2015年欧洲中央银行才开始实施类似美联储意义上的“非常规”货币政策。

自次贷危机和欧洲主权债务危机爆发之后，欧洲中央银行所实施的货币政策可以分为两个阶段：

第一个阶段是自次贷危机爆发之后到2014年6月。在这一阶段，欧洲中央银行货币的政策重点在于增强其常规货币政策传导机制的有效性。在这一阶段，欧洲央行资产负债表的变化仅仅是被动地满足商业银行对流动性的需求，与美国和日本典型的以资产负债表作为政策工具的“非常规”货币政策存在较大差异。从2012年年中到2014年年中，欧洲央行所采取的降息政策效果并没有导致公司借款成本下降。例如从2012年6月起欧洲央行已经将主要再贷款利率（Main Refinancing Operation，MRO）从1%降至2014年6月的0.05%，下降幅度约95个基点；然而大多数欧元区国家企业贷款利率下降的幅度却很小，中位国家中小额贷款的中位贷款利率仅仅下降不到30个基点（Constâncio，2015）。

第二个阶段是2014年6月之后，欧洲中央银行开始实施更加激进的扩张性货币政策。2015年1月后，欧洲央行扩大了资产购买计划，并且正式增加了公共部门资产购买计划（Public Sector Purchase Programme，PSPP）。Constâncio（2015）将欧洲中央银行“非常规”货币政策的传导渠道归纳为四个方面。第一个渠道是信息显示渠道，“非常规”货币政策的实施表明欧洲央行坚定的经济刺激决心。第二个渠道是通货膨胀预期机制渠道。第三个渠道是信贷渠道，即通过降低私人部门有效贷款成本并提升信贷的可得性来刺激实体经济恢复。第四个渠道是资产购买渠道，通过长期资产购买在表象上导致了中央银行资产负债表的扩张，在实质上降低了私人部门资产组合的流动性风险和存续期风险，降低了持有资产的风险溢价。通过私人部门资产组合再平衡和资产价格上升，降低了私人部门的杠杆率，使得私人目标可以更容易地从银行部门获得贷款。

（三）日本新一轮“非常规”货币政策的实施进程

次贷危机爆发之后，日本扩张性货币政策的力度相对较温和。究其原因，主要有两个方面：一是日本并非次贷危机的直接发生国；二是基于日本货币政策当局在20世纪90年代金融危机当中获得的经验教训（Vollmer和Bebenroth，2012）。由于忌惮宽松货币政策的存在可能引发金融泡沫的潜在风险，相对于货币政策而言，日本财政政策的力度更大。然而随着日本经济衰退不断加剧，自2013年4月开始，为了实现CPI年增长率达到2%的目标，日本开始实施附加前瞻性指导的所谓"质、量双宽"货币政策（QQE）。

1. "质、量双宽"货币政策的核心内容

"质、量双宽"货币政策的核心内容包括两方面。首先，中央银行承诺在两年内尽快使CPI增长率稳定在2%的水平。其次，为了实现2%的CPI年增长率，一方面通过扩大资产负债表规模实现量化宽松；另一方面通过扩大资产购买种类提升政策效果。具体来看，量化宽松政策主要体现在日本银行将通过购买政府债券实现每年增加基础货币60万亿—70万亿日元的规模。质量提升则主要体现在扩大高风险资产（assets with a higher risk profile）和长期资产的购买比例等方面。例如日本银行已经开始购买交易型开放式指数基金（Exchange-traded Funds，ETFs）和日本房地产投资信托（Japan Real Estate Investment trusts，J-REITs），通过提升价格来降低这些资产的收益率中所隐含的风险升水。

2. "质、量双宽"货币政策的传导渠道

Iwata（2014）指出日本银行"质、量双宽"货币政策传导渠道中最重要的因素是降低预期实际利率。事实上，虽然日本银行强调对资产购买种类的调整，但是其"质、量双宽"货币政策可以看作是附加前瞻性指导的量化宽松政策。也就是在CPI稳定在2%的水平之前，宽松货币政策将一直持续下去。通过设立明确的通货膨胀目标和积极的扩张货币政策，有利于形成私人部门关于通货膨胀的稳定预期。

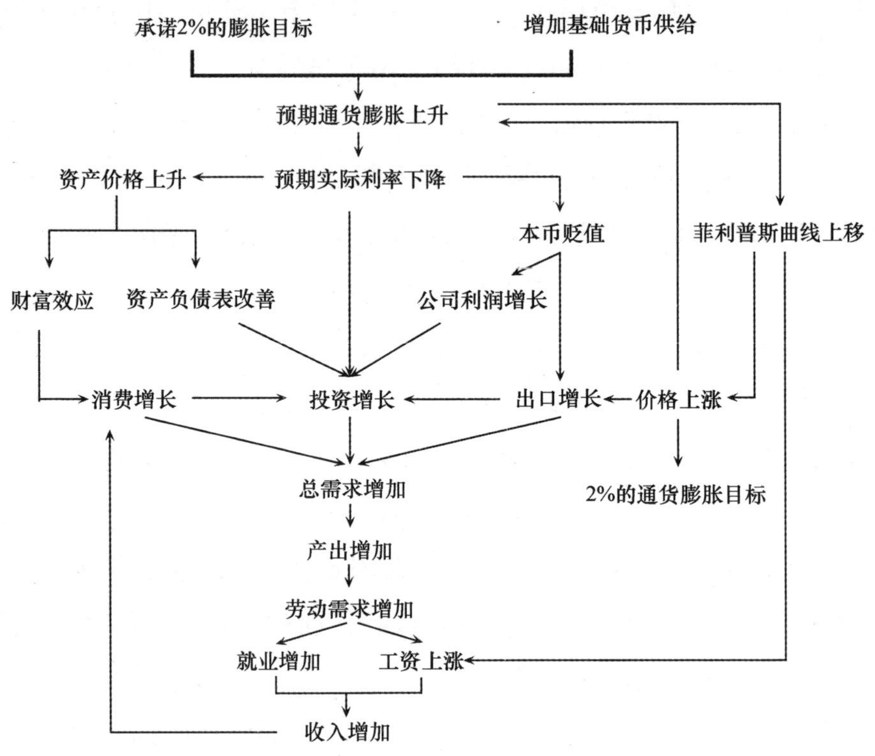

图 9—3 “质、量双宽”货币政策的传导渠道

3. “质、量双宽”货币政策的实施效果

从量化宽松的规模上来看，2013 年重启量化宽松之后，日本银行大大加强了资产购买力度。根据日本银行统计数据，日本银行的资产总量从 2001 年年初约 105.45 兆日元增长至 2005 年年底约 155.6 兆日元，年平均增长率仅为 6.7%。而且在 2006 年退出量化宽松之后，日本银行的资产负债表实施了快速紧缩过程，到 2006 年 6 月底日本银行的资产总规模迅速降低到 113.8 兆日元，比 2005 年年底降低了 27%。2013 年年初资产总规模为 157.94 兆日元，截至 2015 年 10 月底已经达到 373.55 兆日元，在近三年的时间内增长了近 1.4 倍，年

均增长率为33%，远远高于2001—2006年量化宽松政策的力度。

然而“质、量双宽”货币政策的真实效果又如何呢？在以银行系统为主的日本金融市场上，银行信贷对经济增长具有重要意义。货币政策有效性首先取决于货币政策可以带动银行信贷增长。2001年和2013年日本银行开始实施“量化宽松”和“质、量双宽”货币政策之后，曾经出现基础货币快速增长的情形。例如2002年3月，基础货币增长率达到45.3%，是2001年至2006年量化宽松期间基础货币达到的最高增速。2014年2月，基础货币增长率达到55.9%，是2013年开始实施“质、量双宽”货币政策之后截至2015年年底基础货币达到的最高增速。虽然在此期间基础货币均出现了较快上涨，而且在2013年之后，基础货币持续维持较高增速，但是银行贷款和货币增速，特别是货币增速并未显著提高。以银行贷款为例，在“质、量双宽”政策实施之前的2010年银行贷款增长率为-2%左右，截至2015年年底银行贷款增长率接近4%，仅仅与2006年金融危机爆发之前的最高水平相当，甚至低于2008年年底4.5%的增长率。M3的增长率仅仅呈现缓慢增长，仍然维持在3%左右。由此可以看出，日本银行对基础货币大规模的扩张并未能有效传递到实体经济中去，货币政策传导受阻。

第三节 美、欧和日本“非常规”货币政策的差异及其原因

一 美、欧和日本“非常规”货币政策的差异

（一）美国和日本“非常规”货币政策的差异

与日本的量化宽松政策相比，虽然美国的“非常规”货币政策也

会导致中央银行资产负债表扩张；但两国的“非常规”货币政策之间也存在巨大差异。[①] 在美国实施“非常规”货币政策之初，Bernanke（2009）和 Yellen（2009）等对比了美联储所采取的“非常规”货币政策与日本银行在 2001—2006 年所采取的量化宽松政策。伯南克将美联储的“非常规”货币政策概括为“信贷宽松”（credit easing）；而 Yellen（2009）则强调两者的差异多过其相似性。

第一，政策目标的差异。在日式纯量化宽松政策下，货币政策致力于扩张商业银行准备金，准备金是中央银行的负债。中央银行资产方贷款和证券的组成是被动变化的。反观美联储所采取的“信贷宽松”政策，其侧重点在于通过对美联储资产方中贷款和证券的组合管理，影响居民和企业的信贷条件。之所以产生这样的政策差异，是由于次贷危机之后美国面临着比日本在 2001—2006 年更加严峻的信贷市场扭曲。与日本当年的情形相比，美国信贷市场上利差缺口（credit spreads）更大，信贷市场功能丧失更加严重。美联储不得不将更大的精力致力于恢复私人信贷市场的正常功能。

第二，政策传导机制的差异。在经济危机中，由于金融机构、家庭和企业的资产负债表可能遭受重大破坏，央行不同类型政策的扩张效果存在较大差异。美联储的“信贷宽松”政策通过中央银行资产方贷款（lending programs）和证券购买的组合，不仅有利于维持金融机构安全和金融市场稳定，而且在事实上替代了部分商业银行的作用，促进私人信贷市场尽快恢复功能。而日本银行的量化宽松政策主要致力于向商业银行注入超额准备金，寄希望于商业银行增加对外贷款。表面上看，日本量化宽松的货币政策传导机制似乎更加“市场化”，

---

① 由于次贷危机之后，日本新一轮“非常规”货币政策执行时间较短，本节中主要对比美国“非常规”货币政策与 2001—2006 年日本量化宽松货币政策的差异。

但是更容易受到商业银行风险态度变化的影响，往往效果不彰。

第三，货币政策实施的差异。在“非常规”货币政策实施方面，日本商业银行超额准备金的扩张源自日本银行事前所设定的固定目标。日本银行试图通过用超额现金替代短期国债，以此刺激商业银行增加贷款。而美联储资产负债表的扩张规模是由各金融市场参与者实际使用各种工具的规模决定的，各种金融工具的利率会随着市场条件的改变而发生变化（Yellen，2009）。

第四，对于是否采取“非常规”货币政策态度的差异。次贷危机之后，尽管日本的利率一直维持在较低的水平，但是与英美等国相比，日本开始重启量化宽松政策的时间要滞后很多。2007 年至 2008 年日本银行间市场隔夜无担保拆借利率曾上升到 0.5% 左右，并维持了将近两年的时间。在此期间，日本银行主要增加了对商业银行短期贷款，对放宽家庭和企业贷款条件的作用非常有限，而且也没有将低利率资产抵押证券纳入合格抵押品范围。可以说在 2008 年次贷危机爆发到 2013 年正式实施量化宽松之前，日本银行的扩张性货币政策的力度是非常有限的。那么为什么次贷危机之后，日本银行迟迟不愿意采取美式“非常规”货币政策呢？对于日本银行来说，20 世纪 90 年代扩张性货币政策造成的资产泡沫的后果使得日本银行在采取量化宽松货币政策时过度谨慎。从 20 世纪 90 年代的宽松政策向正常政策的回归过程也被证明是非常漫长和困难的。这些因素都导致日本银行在决定是否采取“新常规”货币政策时犹豫不前。

（二）美国和欧洲“非常规”货币政策的差异

在应对次贷危机和实施“非常规”货币政策方面，欧洲中央银行同样表现的举棋不定。之所以如此主要有以下几个方面的原因：

首先，欧元区在制度安排上存在先天性缺陷。欧元区是一个非主权跨国组织，虽然实现了货币政策的统一，但是没有统一的政府和统一的财政政策。欧洲中央银行购买成员国主权债务的行为在马斯特里赫特条约中并没有规定。在多个主权国家中使用同一种货币的现状使得各成员国政府缺少激励来采取财政和结构政策改革来维持金融市场稳定，Cour-Thimann 和 Winkler（2013）。在这种情况下欧洲中央银行对低利率政策采取了观望的态度，试图仅通过低利率政策来解决次贷危机的影响。然而欧洲主权债务危机在 2009 年爆发，并于 2011 年和 2012 年达到高峰期。欧元区失业率也在 2013 年第二季度达到 12.1% 的峰值，到 2015 年 9 月仍然高达 10.8%。[①] 这些都促使欧元区货币政策进行调整。

其次，欧洲中央银行实施的是单一目标制货币政策。虽然许多国家将稳定通货膨胀作为货币政策的主要目标，但通货膨胀稳定并非这些国家货币政策的唯一目标。例如美联储实际上实施的是稳定就业和稳定价格的双目标制（dual mandate）货币政策框架。而欧洲中央银行实施的则是单目标制货币政策规则，即通过规定明确的通货膨胀目标将通货膨胀稳定在 2% 的水平。2011 年年中，欧元区 CPI 同比增长率达到 3%，失业率维持在 10%，而稳定通货膨胀是欧元区货币政策的唯一目标，在这种情况下，欧洲中央银行在 2011 年两次上调其基准利率。显然紧缩的货币政策对于经济恢复和失业率下降是不利的。直到 2014 年 12 月 CPI 同比降至零之后，欧洲中央银行才开始考虑实施“非常规”货币政策。2015 年 1 月之后，欧洲中央银行开始实施类似美国 QE3 的无预定期限（open ended）量化宽松货币政策，并将

① 该失业率数据为调查调和失业率。

该政策至少持续到2016年9月。

二　欧元区、美国和日本“非常规”货币政策差异的原因分析

在次贷危机发生之后，美国、日本和欧元区在实施所谓“非常规”货币政策方面存在较大差异。这些差异大体来看是由三个方面的因素造成的：一是经济（包括金融市场）状况的差异；二是金融市场结构的差异；三是决策机构自身政治框架的差异。

从经济状况的差异来看，美国是次贷危机的发生国，而欧元区和日本则是次贷危机的波及国。因此美国在实施“非常规”货币政策方面相对比较积极。但这并不意味着危机爆发之后，美国实体经济状况最为糟糕。无论是在危机爆发初期的2009年，还是深度发酵期的2011—2012年，美国经济增长率都要高于日本和欧元区。2014年之后，美国经济增长率更是持续高于日本和欧元区的水平。除了次贷危机的冲击之外，欧元区还在2008年之后遭受主权债务危机的打击。日本经济则是在进入21世纪后呈现长期低迷。对于日本而言，超高的政府债务、人口老龄化问题和曾经出现的金融泡沫也是限制“非常规”货币政策实施和发挥作用的重要原因。

从金融市场结构的差异来看，美国和英国的金融市场是以直接金融为主，而欧元区和日本的金融市场则是以银行体系为代表的间接金融为主。金融市场结构的差异导致了货币政策制定和传导的差异。例如Bank of England（2009）指出由于商业银行在金融市场中不占主要地位，英格兰银行在购买资产时不应局限于商业银行。

从决策机构自身政治框架来看，美国和日本是主权国家，拥有统一的财政政策和货币政策。欧元区是一个非主权跨国组织，虽然实现

了货币政策的统一，但是没有统一的政府和统一的财政政策。同时在欧元区的政治框架下，对货币政策的实施有诸多限制，例如：禁止中央银行提供货币融资（monetary financing）；公共机构和政府在向金融机构借款中不享有优先权；不救助条款（the“no-bailout”clause）等等。这些都限制了“非常规”货币政策在欧元区的实施。

第十章

金融危机后货币政策框架的反思和发展

2007 年以来，从次贷危机初露端倪到金融危机全面爆发，西方发达国家为应对日益恶化的经济、金融形势而不断调整其货币政策。当货币政策全面转向所谓“非常规”框架时，政策当局和经济学家也在对危机之前的货币政策理论乃至最近 40 年宏观经济学理论的发展进行了深入的反思和激烈的争论。争论的一方，如 Krugman（2009）认为金融危机暴露了此前 40 年宏观经济学和货币经济学理论的根本缺陷，需要对这些理论进行彻底的修正；而另一方，如 Lucas（2009）和 Cochrane（2011）对宏观经济学理论进行了辩解，并对 Krugman 的观点进行了尖锐的批评。

具体就货币政策而言，危机之后的反思和争论主要集中在三个方面：第一，如何看待金融摩擦对经济周期和货币政策传导的影响；第二，货币政策是否应该对潜在的资产泡沫采取预防性干预措施；第三，主流的货币政策规则（通货膨胀目标制和泰勒规则）如何进行改进。这些反思是对现有货币政策理论和执行框架的扬弃，必将对货币政策理论和未来的货币政策实践产生重要影响。

第一节　对“新共识”货币政策框架的反思

在“新共识”货币政策框架下，货币政策被简单概括为泰勒规则。[①] 危机期间“新共识”货币政策面临的困境主要集中在三个方面（IMF，2013）。第一，泰勒规则遭遇非负利率约束，常规货币政策失效；第二，金融市场失灵导致政策利率无法向长期利率和私人资产收益率扩散；第三，金融市场稳定并非货币政策的目标，货币政策无法应对金融危机的自我强化。为了从政策角度尽可能避免金融危机再次发生，经济学家对“新共识”货币政策框架进行了系统性反思。

在政策实践层面上，Blanchard 等（2010）认为：第一，通货膨胀稳定不应成为货币政策的唯一目标；第二，低通货膨胀目标限制了货币政策的使用范围，当经济遭受重大冲击时极易面临非负利率限制，应适当调高通货膨胀目标值；第三，金融中介对货币政策乃至整个经济的影响重大，危机期间货币政策传导渠道阻塞很大程度上是由于金融中介运转失灵造成的；第四，由于金融中介的重要性，金融监管对宏观经济和货币政策具有重大意义。Blanchard 等（2010）虽然对“货币政策应对潜在资产泡沫进行善意忽略的观点”提出了质疑，但是作者认为利率政策对抑制过度杠杆化和风险暴露以及资产泡沫作用不大，因此反对将这些目标纳入到利率政策框架中，而主张运用所谓的周期性监管工具（cyclical regulatory tools）。

① 关于泰勒规则的详细方程参见第二章，在此不再赘述。

在更深入的理论方面上，Mishkin（2010）指出了“新共识”货币政策在宏观风险管理方面存在的问题。由于现有货币政策理论模型普遍采取线性二次（linear quadratic）模型，即模型的目标函数是二次函数，而经济动态变化方程是线性形式，这导致最优货币政策具有确定性等价（certainty equivalence）特征。最优货币政策是对外生冲击的线性非时变反应函数，不依赖冲击的概率分布。这导致最优货币政策无法应对尾部风险（tail risk）。然而在遭受重大冲击时，宏观经济波动的非线性动态特征显著增强，而且二次目标函数也不能反映出投资者在面临潜在严重冲击时风险规避态度的变化，这使得确定性等价方法的缺陷在危机期间暴露无遗。尽管金融危机暴露了现有货币政策框架的种种缺陷，但 Mishin（2011、2012）认为这并不足以从根本上否定已有的货币政策框架，特别是通货膨胀目标制和泰勒规则，他同时也对货币政策操作提出了改进意见：一是采取更加富有弹性的通货膨胀目标制；二是在货币政策模型中引进风险管理，采取及时、果断和灵活（timely decisive and flexible）的政策应对潜在的金融市场风险，摒弃传统理论所隐含渐进调整原则；三是采取措施预防信贷驱动型资产泡沫，而非仅是事后救济。

Trichet（2013）总结了金融危机之前各国中央银行和国际监管机构的政策失误，其中包括各国中央银行对本国公私部门过度杠杆化现象视而不见，忽视对货币总量和信贷规模的分析，以及中央银行和国际机构对国内和国际金融市场疏于监管，等等。这些失误一定程度上是由于货币政策框架与经济学理论研究脱节造成的，特别是 Knight（2012）的不确定性理论、Fisher（1933）的债务通缩理论以及 Minsky（1986）的金融不稳定理论。

◇第二节　包含金融体系的货币政策框架

金融危机之后完美金融市场假设遭到了空前质疑，更多经济学家将关注的焦点集中到如何将货币、信贷以及金融市场摩擦纳入货币政策模型中。事实上早在20世纪八九十年代期间，西方主流经济学家曾就金融市场与宏观经济的关系进行了一场深入的讨论。[①] 然而这些研究往往不包含货币，不便于进行政策分析（Goodfriend 和 McCallum，2007）。其次，这些研究并没有真正被中央银行用于经济预测和政策分析实践（Mishkin，2011）。此外，由于危机之前相当长的时间内发达国家金融体系运转相对良好，经济学家忽视了从流动性供给方（银行）的角度对金融摩擦进行研究（Gerterler 和 Kiyotaki，2010）。

危机之后大量文献开始将研究的重点转向金融机构。Goodfriend 和 McCallum（2007）将货币和银行引入标准的新新古典综合模型，发现银行体系可能同时对货币政策传导存在加速和减速机制（accelerator and attenuator）；如果忽略了货币和银行体系，中央银行可能会在制定政策利率时出现较大失误；此外，来自银行体系自身的冲击同样会对产出和通货膨胀产生影响，需要货币当局积极应对。Goodhart 等（2009）为了研究金融危机的形成和传导机制，将异质性银行以及

---

① 这场讨论以复兴 Fisher（1933）的“债务通缩”（Debt Deflation）理论为起点，研究了金融摩擦在经济周期中的作用，提出了货币政策的信贷渠道，包括银行贷款渠道和资产负债表渠道以及金融加速器（Financial Accelerator）的概念。这一时期的代表性文献包括：Bernanke 和 Gertler（1989）和 Carlstrom、Fuerst（1997）主要解释了金融摩擦导致经济周期持续性（persistence）增强的原因；Kiyotaki 和 Moore（1997），Bernanke、Gertler 和 Gilchrist（1999）重点关注了金融摩擦对经济周期的动态放大机制。

货币和利率等因素引入 DSGE 模中，比较有无金融摩擦的情况下各种冲击的不同效果。Cúrdia 和 Woodford（2010）将金融部门引入新凯恩斯 DSGE 模型。模型通过设定异质性消费者产生借贷需求；借贷行为必须通过金融中介完成，并产生具有边际递增性质的中介成本，以及由此造成存贷款利差出现。利差随着中介成本的变化而改变。在这样的模型设定下，作者证明包含利差修正的泰勒规则优于原始的泰勒规则。不足之处在于，模型中金融市场是完全竞争的，无法对金融机构资产负债表变化的影响进行分析。就反危机政策而言，Gerterler 和 Kiyotaki（2010）特别针对次贷危机期间美国货币和财政当局的"非常规"政策进行研究。[①] 通过在无摩擦经济周期模型中引入金融中介作者重点考察了两方面的问题：第一，金融中介破产如何引发金融危机和经济动荡；第二，货币和财政当局所采取的各种信贷市场干预政策如何在应对危机中发挥作用。

上述研究尽管从不同的视角对原有货币政策理论进行了改进，但是在方法上均采用的是线性系统动态分析方法，即在对模型进行线性化之后研究内生变量在外生冲击作用下围绕原均衡点的动态调整机制。正如 Mishkin（2010）所指出的这种线性动态调整模型无法准确反映金融危机期间经济周期的真实情形。金融危机之后，一些研究开始致力于弥补这方面的不足，比较引人注目的研究包括 Brunnermeier 和 Sannikov（2012）等。Brunnermeier 和 Sannikov（2012）最大的创新在于通过全局动态均衡模型摆脱了现有研究在均衡点附近进行局域分析的局限。模型发现当外生冲击较小时，经济系统尚可稳定在原均衡点附近；但当冲击足够严重时，经济系统内部的非线性冲击放大机

① 这些"非常规"政策包括联储直接向私人金融和非金融机构提供贷款，财政当局为银行注资等。

制被启动，经济系统的波动性急剧增强，无法在原均衡点保持稳定。在经济下行状态下，非线性冲击放大机制之所以被启动根源在于由经济系统自身产生的内生性风险（endogenous risk），从而深化了对金融摩擦传导机制的理解。所谓内生性风险是指当经济当事人遭受外生冲击时，由于面临流动性约束或者出于预防性动机对自身行为进行调整而引发的资产价格变化。除此之外，在实践意义上，该研究还发现金融创新工具，包括资产证券化和金融衍生品等虽然能够较好地实现分散非系统性外生冲击的初衷，却使整个系统更容易遭受内生性系统风险的破坏，这对理解金融创新的本质也有启发意义。在此基础上，Brunnermeier 和 Sannikov（2011）提出了货币的"I"理论，特别强调了货币的价值储藏功能和货币政策的财富再分配渠道（即利率变化的收入效应）。在该模型中金融中介通过接受存款、发放贷款创造出"内在货币"，从而与货币当局发行的外资货币形成互补关系。金融机构的货币创造能力（货币乘数）依赖于金融机构资产负债表的状况及其风险承受能力。经济下行期间，货币乘数下降导致贷款和通货出现双紧缩，从而引发费雪所定义的债务通缩现象。因此扩张性货币政策的直接目标应该是为面临资金约束的借款人融资而非单纯的增加货币供给。

第三节　货币政策执行规则的改进

除了在理论层面上对货币政策框架进行完善外，如何在执行层面上对现有货币政策规则进行改进是一项更加艰巨的工作。这一工作主要围绕两个方面展开：一是如何对现有的货币政策框架（特别是泰勒规则和通货膨胀盯住制）进行改进；第二个方面的工作是如何应对资产泡沫。

危机之前泰勒规则和通货膨胀目标制已为多数发达国家中央银行所采用，因此这项工作主要是针对泰勒规则展开。这些改进大致分为三个层次：一是在金融危机特殊时期对泰勒规则进行临时修正；二是在更加一般化的层面上在泰勒规则中加入新的变量或者永久性调整货币政策目标参数；三是在尝试新的货币政策规则，比如价格水平盯住和名义 GDP 盯住等。

一　对通货膨胀目标和泰勒规则的完善

金融危机爆发之后，代表风险因素的资产利差骤然升高。Taylor（2008）建议按照市场指标利率变化调低泰勒规则中的实际利率参数（r^*）。为了给经济遭受重大冲击时的货币政策预留空间，同时降低常规货币政策面临非负利率限制的概率，Blanchard 等（2010）建议调高泰勒规则中的通货膨胀目标值（π^T）。[①] 作为对货币政策规则的一般性改进，Cúrdia 和 Woodford（2009）着重考察了将存贷款利差（ω）和信贷规模（b）纳入货币政策规则后，经济体对不同冲击的反应以及由此造成的社会福利方面的差异，见表 10—1 中方程（10.2）和

① 许多研究者对该建议提出了批评意见。Bean 等（2010）列举了三条反对理由：第一，在较高的平均水平下精确预测通货膨胀的难度增加，并且高通货膨胀所导致的高波动性也会造成福利损失；第二，相对于低通货膨胀水平而言，高通货膨胀时形成和调整预期花费的成本更高；第三，在货币政策遭遇非负利率下限约束极其罕见且有“非常规”货币政策可用的情况下，持续维持高通货膨胀目标的成本可能超过其收益。Mishin（2011）也认为调高通货膨胀目标的收益仅在经济遭受重大冲击时才能显现，但高通货膨胀的成本却是持续存在的，因此也反对该修改方案。

(10.3)。由于考虑了资金供需双方的异质性，在该框架下货币政策工具为存款利率（i）。然而数值模拟显示，新政策规则的有效性取决于外生冲击的性质。从综合应对各种冲击的稳健性角度看，作者认为这两种改变均要逊于 Cúrdia 和 Woodford（2009）所提到的弹性通货膨胀盯住方法。除此之外，Christiano 等（2008）发现经济波动与信贷增长密切相关，建议货币政策应该将信贷供给增长作为关注目标，并且通过数值模拟的方法证实该货币政策框架优于传统的泰勒规则。

表 10—1　　金融危机后对货币政策规则进行改进的主要文献

	代表性研究	改进的方向
原始泰勒规则	$i_t = r^* + c_1 E_t(\pi_{t+1}) + c_2 y_{t-1} + c_3(\pi_{t-1} - \pi^T)$　(10.1)	
改变泰勒规则的参数	Taylor（2008）	按照指标利差变化调整实际利率（r^*）
	Blanchard 等（2010）	适当调高通货膨胀目标（π^T）
在泰勒规则中加入新的指标	Cúrdia 和 Woodford（2010）	$i_t = r + c_1 \pi_t + c_2 y_t - c_3 \omega_t$　(10.2)
		$i_t = r + c_1 \pi_t + c_2 y_t + c_3 b_t$　(10.3)
新的货币政策规则	Frankel（2012）	名义 GDP 规则：$i_t = r_t + c_c(G_t - G)$　(10.4)
	Bean 等（2010）	价格水平盯住：$L_t = (p_t - p_t^*)^2 + \lambda(y_t - y_t^*)^2$ (10.5)

二　对通货膨胀目标和泰勒规则的完善

由于通货膨胀盯住制在危机中的表现不佳，一些经济学家提议用其他货币政策规则取代通货膨胀盯住制，希望通过新的货币政策规则增强货币政策反应对宏观经济变化的敏感性，同时降低货币政策遭遇非负利率下限而失效的概率。例如 Issing（2011）认为通货膨胀本身既不能反映冲击来源的差异，也无法包含货币（信贷）和资产价格等重要信息，因而应该彻底放弃货币政策操作层面的通货膨胀目标制。最热门的备选方案是价格水平盯住制和名义 GDP 盯住制。

在名义 GDP 盯住规则下，货币当局以名义 GDP 增长率作为货币政策的中间目标，见表 10—1 中方程（10.4），其中不带时间下标的 G 为名义 GDP 增长率目标。该目标在设定时由实际 GDP 增长率目标加上目标通货膨胀率构成。[①] 货币政策规则的另一个热门备选对象是价格水平盯住规则（Bean 等，2010）。在该政策规则下，货币当局通过盯住一个预定的价格路径来实现价格长期稳定。剔除常数后的单期损失函数可以表示为表 10—1 中方程（10.5），即用价格缺口（$p_t - p_t^*$）取代通货膨胀目标制损失函数中的通货膨胀缺口（$\pi_t - \pi_t^*$）（Svensson，1999）。[②] 然而对于如何实现价格盯住并未进行深入讨论，甚至在 Svensson（1999）的经典文献中还讨论了通过相机抉择实现价格盯住的福利效应。因此价格水平盯住制更像中央银行的目标函数规则而非实际的政策操作规则。在政策实践上，通货膨胀盯住和价格盯住的区别在于通货膨胀盯住制下货币政策的目标仅是稳定当期通货膨胀率，当期价格的异常变化不会影响下期的政策决策。在价格水平盯住制下，如果本期价格增长快于预先设定的水平，下一期货币政策必须进行相应的紧缩调整，使价格水平回到既定增长路径。

和通货膨胀盯住规则相比，金融危机之后，名义 GDP 盯住规则

---

① 除了经典形式外，Hall 和 Mankiw（1994）还讨论了广义名义 GDP 盯住规则的其他类型，包括名义产出水平盯住制与混合型盯住制，具体目标的选择根据这些目标的相对重要性以及实现这些目标的成本决定。

② 作者还指出在价格盯住制下短期菲利普斯曲线的形式可以表示为：$y_t = \rho y_{t-1} + \sigma (p_t - E_{t-1} p_t) + \varepsilon_t$。

和价格盯住规则最大的吸引力在于降低货币政策失效的概率。Sumner（2012）认为名义GDP规则有利于维持资产市场稳定从而降低金融危机和常规货币政策失效的可能性。由于资产泡沫的形成往往伴随着名义或者实际产出过快增长，因此与通货膨胀盯住规则相比，名义GDP盯住制对抑制资产泡沫更加有利。而且名义GDP增长率实际上是通货膨胀率与产出增长率之和，因此该政策规则还使货币政策的单一目标与双重任务得以兼容。而价格盯住规则的优势不仅在于可以降低利率政策遭遇非负限制的概率，而且即便在零利率下限处该规则仍能使政策当局实现预期管理［Eggertsson（2003），Adam和Billi（2006），Kahn（2009）］。在经济衰退和通货膨胀率超预期降低时，价格盯住制可以使经济主体产生更高的通货膨胀预期，实际利率进一步降低（Ambler，2009）。

除此之外，与通货膨胀盯住制相比，名义GDP盯住制和价格水平盯住制都有各自的潜在优势，但在具体实施上也存在潜在风险和障碍。例如与通货膨胀盯住制相比，名义GDP盯住制的优势还体现在：第一，有利于维持劳动市场稳定（Sumner，2012）；第二，可以更加稳健地应对供给冲击，在负面供给冲击下通过提高对通货膨胀的容忍度，避免过度紧缩政策对实体经济产生进一步的负面影响［Kahn（1988）和Frankel（2012）］；第三，名义GDP规则还具有较好的可控性和灵活性，既可以维持长期价格水平稳定，抑制货币政策中潜在的动态不一致性问题，又为决策者应对短期冲击预留操作空间。然而在该规则下，如何确定名义GDP目标成为实施该规则的主要阻碍。而且由于GDP统计数据公布频率较低且要经过不断修正，导致根据这些数据所实施的政策可能会恶化产出和通货膨胀波动（Kahn，1988）。这些都成为可能阻碍名义GDP目标制实施的原因。

理论研究认为价格盯住制可以减少短期通货膨胀与产出的波动，并能降低长期物价水平的不确定性［Svensson（1999）和 Vestin（2006）］。但同样该政策规则也存在一定的缺陷。第一，价格盯住优于通货膨胀盯住的前提在于经济主体具有前瞻性预期（forward expectation）。现实经济中通货膨胀惯性越高或者经济中后顾型（backward-looking）定价厂商的比例越高，价格盯住相对于通货膨胀盯住的优势越不明显。第二，价格盯住不像通货膨胀盯住那样易于被公众理解，这可能导致货币当局和公众之间出现沟通困难（Kahn，2009）。由于政策沟通的困难与不确定性，价格盯住规则的可信性也容易遭到质疑，可能面临时间不一致问题（Hatcher，2011）。第三，价格盯住制和通货膨胀盯住制的实际效果都与冲击的类型和结构息息相关。在需求冲击条件下，价格盯住比通货膨胀盯住效果好；而在供给冲击下，价格盯住可能会对经济恢复产生负面效应（Amano 等，2009）。

第四节　宏观审慎监管与抑制资产泡沫

一　货币政策是否应该用于抑制资产泡沫？

对于货币政策应如何应对资产泡沫，经济学家长期以来存在“预防”和“救济”两种观点（lean versus clean）。两种观点的主要支持者分别来自国际清算银行（BIS）和英、美两国的中央银行。金融危机之前主流观点认为货币政策应在资产泡沫破灭后对其造成的负面影响进行救济（Clean）。支持这一观点的主要依据有：资产泡沫难以识别；提高利率对抑制资产泡沫作用有限，反而可能压低合意的通货膨胀水平，导致经济衰退并损害货币当局的信誉；利率政策无法针对特定的资产泡沫；主动刺穿泡沫有可能放大泡沫破灭的负面影响，从而加剧对经济的损害（Mishkin，2011）。

相反，支持货币政策应主动“预防”金融泡沫的观点则认为：利率政策针对的对象并非资产泡沫本身，而是泡沫背后的过度信贷扩张，而对信贷扩张的识别要容易得多；利率政策无须针对特定的资产，只要有资产价格存在严重偏离基本面的现象就可以采取干预措施；抑制政策绝非主动刺穿泡沫，而是要抑制泡沫形成，避免更大的损失；而且在信贷迅速扩张阶段，紧缩政策导致出现通货紧缩和经济衰退的可能性很小，因此货币政策应该而且能够对资产泡沫起到抑制作用，如 White（2006）。

危机爆发之后，许多经济学家认为金融危机的爆发原因部分归结于货币政策失当，加之常规货币政策框架遭遇非负利率下限约束，原有主流观点面临更加严峻的挑战［White（2009）和 Borio（2012，2014）］。Borio 和 Zhu（2012）认为危机之前发达国家长期偏低的利率与金融危机的产生密切相关，提出货币政策产生金融泡沫的风险承担渠道（risk taking channel）。宽松的货币政策可以从三个方面鼓励投资者过度承担风险，并最终导致资产泡沫出现：首先，安全资产收益率过低导致投资者转向收益率较高的风险资产并拉高风险资产的价格；其次，为了与债务成本匹配，一些机构投资者不得不转而投资风险和收益更高的资产；最后，金融机构以杠杆率为目标的经营策略本身可以放大宽松货币政策对高风险投资的刺激效应，具体参见 Adrian 和 Shin（2010）以及 Adrian、Moench 和 Shin（2010）等。

既然过度宽松的货币政策可能导致资产泡沫，那么反过来货币政策是不是有能力抑制资产泡沫发生呢？Borio（2014）在总结已有研究的基础上，给出了肯定的回答。作者指出：首先，越来越多的证据支持金融失衡在形成阶段就可以被实时甚至提前发现。[①] 其次，理论和实证研究也发现货币政策影响信贷、资产价格以及风险承担的传导渠道。再次，货币政策不存在微观监管政策可能导致的监管套利问题，也不像宏观审慎监管政策那样容易受到政治压力的影响。最后，尽管短期内资产价格稳定和通货膨胀稳定之间可能存在冲突，但从较长期来看为了避免泡沫破灭后价格更加剧烈的波动，还是应该运用货币政策来抑制资产泡沫形成。作者还说明金融危机之后的经济衰退具有“平衡表衰退”（balance sheet recession）性质，事后的经济性货币政策短期内难以奏效。

二　将宏观审慎监管纳入货币政策体系

尽管 Bean 等（2010）认为关于货币政策是否应该预防资产泡沫的争论开始逐渐向支持“预防”的观点倾斜，但由于该观点并未得到多数国家货币当局的支持，因此短期内难以付诸实践。同时利用货币政策抑制资产泡沫确实可能存在一些理论问题：第一，运用货币政策抑制信贷驱动型资产泡沫违反了“丁伯根法则”；第二，货币政策应对金融不稳定的有效性在很大程度上取决于冲击的性质，货币政策对市场面临的系统性冲击相对有效，监管政策对特定市场失灵相对有效；第三，经济稳定并不必然保证金融稳定，运用货币政策维持金融

---

① 理论上货币当局无法识别金融泡沫的理论基础源于有效市场假说，这一假说在金融危机期间受到严峻挑战（Meltzer，2013）。而在实证上 Borio、Drehmann（2009）和 Drehmann 等（2012）发现信贷和资产价格联合对趋势值偏离可以作为识别资产泡沫和提示宏观风险的先导指标，这些指标已被《巴塞尔协议Ⅲ》所采纳。

稳定意味着货币政策要在金融稳定和经济稳定目标之间做出权衡，多目标货币政策可能使公众混淆中央银行稳定价格的承诺，削弱名义锚的作用（Mishkin，2012）。

相反，通过加强宏观审慎监管来预防资产泡沫和金融危机的意见则几乎没有任何阻力。Mishkin（2011）借鉴 White（2009）将资产泡沫细分为“信贷驱动型”和“非理性繁荣型”，“信贷驱动型”泡沫不仅对经济危害更大，而且比较容易识别，应该对这种泡沫采取措施。Mishkin（2012）认为，投资者过度冒险和信贷、资产泡沫主要应归咎于市场失灵，因而强化市场监管，特别是运用宏观审慎监管政策来阻断资产泡沫与信贷扩张之间的联系，预防市场系统性风险是自然的政策选择。Bean 等（2010）也认为除非能够对抵押品价值造成实质影响，货币政策对于抑制信贷和资产价格快速上涨的作用有限。在泡沫形成时期，银行资本金和杠杆率都是导致过度风险承担和过度信贷供给的主要因素，因此宏观审慎监管政策比逆风向操作的预防性货币政策更加有效。

金融危机使货币政策当局意识到经济稳定政策和金融稳定政策无法截然分开。特别是当货币当局同时肩负金融稳定和经济稳定时，需要通过宏观审慎监管和货币政策进行配合。当低利率政策可能导致市场产生过度冒险行为时，需要更加严格的宏观审慎监管；而如果宏观审慎监管造成总需求下降时，则需要相对宽松的货币政策予以配合。由于货币政策和监管政策协调的复杂性，Mishkin（2012）建议应由同一政府部门负责两项政策的实施，这已是美联储和欧洲中央银行共同的选择。

第四编　中国货币政策理论与实践转型

在本书的最后一部分，我们将前文中所总结的金融危机之后货币政策理论的反思和发展与中国货币政策理论与实践转型联系起来。中国的改革一直遵循着市场化方向。在货币政策方面，无论是理论研究还是政策实践都较多地借鉴西方国家的经验。危机之后西方国家经济学家的反思和批判使我们得以更加全面地理解发达国家现有的货币政策框架的优势和缺点。随着金融市场的发展和利率市场化进程加速，中国的货币政策框架正面临重大调整。一方面，金融创新的发展导致中央银行对货币数量的控制能力不断下降，数量型政策工具（如货币数量）的作用不断被削弱；另一方面，完备的市场化利率体系和传导渠道尚未建立起来，价格型政策工具（政策利率）难堪大任。在这种情况下，我们该如何借鉴发达国家的经验和教训，为制定适合中国国情的货币政策框架提供借鉴？

在本书的第十一章“中国的货币政策体系的特征及其面临的挑战”中，我们主要总结了中国货币政策框架在利率市场化初级阶段条件下的基本特征及其面临的主要挑战，以及“新共识”货币政策理论框架及其经验教训对中国货币政策的启示。

在第十二章“‘新常态’下货币政策的双重目标：控风险与稳增长”，基于中国经济进入新常态初期所面临的基本问题，即杠杆率过高和产能过剩的基本状况，我们提出“新常态”下中国货币政策的目标应该定位于控风险和稳增长。在分析中国货币政策“名稳实紧”的状况后，本章继续提出“新常态”初期货币政策面临的困局、挑战与转型的基本思路。

在第十三章“利率市场化条件下中国货币政策框架重构”中，我们特别讨论中国利率市场化条件下，货币政策框架的重构问题。在本章中，我们针对利率市场化条件下政策利率调控的两种主要模式，即公开市场操作为主的模式和“利率走廊”为主的模式，进行比较研究，并在结合中国金融市场发展现状的前提下分析哪种模式更适合中国的利率市场化进程。

第十一章

中国的货币政策体系的特征及其面临的挑战

就货币政策实践背后的政策理论和宏观经济学思想而言，中国远未像发达国家那样形成所谓的理论共识。尽管在学术研究中，新古典宏观经济学、新凯恩斯宏观经济学和“新共识”理论框架已成为时尚，其中部分观点在理论研究和政策实践中得到越来越多的认同，但绝不意味着这些理论已成为中国货币政策的主流指导思想。这一方面与中国经济学理论研究发展的路径有关，另一方面则是由中国经济结构的特征所决定。

◇第一节　中国的货币政策理论体系及其面临的困境

一　中国的货币政策理论体系

尽管尚未形成自身的货币政策理论指导体系，但根据近几年来中国货币政策实践，同时对照 Mishkin（2011）所总结的发达国家普遍接受的货币政策准则，我们发现以下几条在中国也越来越多的得到认同：第一，货币当局应该为通货膨胀负责，这在政策实践中意味着货币政策当局至少要在长期内为价格水平稳定负责。[①] 第二，长期内不存在通货膨胀和经济增长的替代关系，持续性的货币扩张政策无法实现经济的持续稳定增长。第三，预期在宏观经济中发挥重要作用。第四，金融市场摩擦在经济周期中影响巨大等。

尽管在一些政策目标和基本原则上存在一致，但在整个货币政策框架乃至背后的经济学指导理论层面上，中国与发达国家的差异仍然是主要的，以至于按照发达国家标准，中国的货币政策一直是“非常规”的。在指导理论层面上，尽管新古典宏观经济学和新凯恩斯主义宏观经济学早已成为时尚，但这绝不意味着这些理论已成为中国货币政策的主流指导思想。中国的宏观政策仍具有浓厚的凯恩斯主义干预色彩。在具体的货币政策框架层面，中国和西方发达国家之间的差异主要体现在五个方面，见表 11—1。

表 11—1　　西方发达国家和中国货币政策体系的主要差异

		西方发达国家	中国
货币当局层面	货币政策规则	通货膨胀盯住制	无
	中间目标	央行对通货膨胀的预测	货币数量
	货币政策操作的对象	政策利率	超额存款准备金、存款基准利率和银行间市场利率

① Mishkin（2011）总结的 9 条“科学原则”之一是“通货膨胀无论何时何地都是货币现象”，既然是货币现象，那么货币当局就应该为通货膨胀负责。弗里德曼的这句名言曾在主流经济学内部引发广泛争议，在中国国内引发的争议可能更多。但是只要被定义为一般价格水平持续性上升，通货膨胀的直接根源一定是宽松的货币政策。即便理论上的争议可能仍将继续，但其在政策实践中的内涵（即“货币当局要为通货膨胀负责”）却日益成为普遍的共识。同时 Mishkin（2011）还强调指出：第一，特定商品相对价格上升和短期内一般价格水平上涨都不可视为通货膨胀；第二，通货膨胀是货币现象并不意味着货币数量指标一定能为通胀提供最全面的信息；第三，宽松货币政策本身可能是由其他原因造成的，比如来自财政部门的压力。

续表

		西方发达国家	中国
金融市场层面	传导渠道	利率期限结构	银行信贷
	影响实体经济的中间变量	长期实际利率	贷款数量和存贷款利率

注：其中存、贷款基准利率浮动限制在2015年全部放开。

首先，在货币当局层面上，中国尚未如许多西方国家那样明确或者隐性地采取货币政策规则；在货币政策中间目标上，采取通胀盯住制的国家以央行对通货膨胀的预测为中间目标，中国则长期以货币数量为中间目标；在货币政策操作的对象方面，西方国家主要是政策利率，而中国则以银行的超额准备金为主，兼顾银行间市场利率，同时还保留了存款基准利率管制。

其次，在金融中介和金融市场层面上，西方发达国家的常规货币政策主要是通过利率期限结构将短期政策利率的变化传递到长期利率，而中国主要是通过影响商业银行贷款供给作为货币政策传导渠道。

最后，在西方发达国家最终影响实体经济的变量是长期利率，而在中国则是贷款数量和存、贷款利率。

由此可见，中国在利率市场化完成之前还将长期混合使用价格型工具和数量型工具。一方面，货币和信贷数量长期作为中间目标，货币当局通过基础货币数量间接调控货币和信贷总量，最终影响总需求；另一方面，中央银行放弃贷款基准利率管制之后，开始尝试建立市场化的利率政策传导机制。

此外，中国货币政策体系的另外一个特点是缺乏独立性。货币政策的独立性主要体现在两个方面：一是货币政策当局决策的独立性；二是货币政策与其他政策之间的独立性。在中国现行体制下，一方面，央行决策的独立性有待提高；另一方面，宏观经济政策政出多门，产业政策、财政政策和土地政策等都会导致货币政策被动调整。例如，扩张性的财政政策和土地政策都会导致银行贷款和货币供给被动增长。因此中国货币政策的制定和执行环境比西方国家更加复杂。

二 中国货币政策体系面临的困境

在利率尚未完全市场化之前，中国的货币政策工具包括数量型工具和价格型工具两类。我们发现这两类工具目前均处于困境之中。

首先，金融创新削弱中央银行对货币数量的控制能力。20 世纪 80 年代之后英、美等国相继放弃货币数量中间目标，其主要原因在于货币数量指标不再符合中间目标的基本要求，中国正在面临相似的困境。[①] 抛开货币数量与最终目标的相关性是否下降不谈，近年来货币数量的可度量性和可控制性均出现下降现象。中国人民银行分别在 2009 年和 2011 年对金融机构会计科目和广义货币统计口径进行调整，本身即显示出货币界定和统计的困难之处。[②] 另外，随着金融创新的不断深化，中央银行对货币数量的控制能力已在削弱。例如 2013 年

---

① 按照 Svensson（1997）的观点，货币政策中间目标应满足四个标准，包括：与政策目标高度相关；易于被货币当局控制；具有较好的可测量性；易于被公众理解，便于货币当局和公众进行沟通。

② 其中，2011 年 9 月中国人民银行将货币供应量统计中增加住房公积金中心存款和非存款类金融机构在存款类金融机构的存款。

货币市场两度上演所谓“钱荒”很大程度上是由金融机构同业业务发展模式变异造成的。金融机构同业业务不仅对货币供给造成显著影响，同时也削弱了货币当局对货币数量的管控。

其次，利率体系完善之前，利率市场化将削弱传统工具的作用。既然面临困境，中国货币政策当局为何依然抱残守缺地依赖数量工具渠道？在“新共识”货币政策框架下，政策利率变化沿利率期限结构向长期利率传导是货币政策顺畅的前提。而中国所欠缺的恰恰是这一市场化的利率传导渠道。虽然贷款利率已经实现市场化，但存款利率仍然处于管制；更重要的是由于债券市场不完善，金融市场上尚无法形成一条完善的利率期限结构曲线来实现短期利率向长期利率的传导。

第二节　货币政策理论新发展对中国的启示

通过对比，我们发现由于中外货币政策体系的差异巨大，所面临的困难大相径庭。我们该如何批判性地借鉴西方国家最新的货币政策理论发展与实践经验呢？通过上文的分析以及中外经济管理体制的比较，我们认为至少有以下几个方面值得我们借鉴。

第一，尽管泰勒规则和通货膨胀目标制遭受了严厉批评，但几乎没有研究建议货币政策框架重回货币数量规则。金融创新导致货币供给的内生性不断增强，货币当局已经丧失了严格管控货币数量的能力。中国目前正在经历类似的过程，并有不断加速的倾向。由此可见，放弃货币数量中间目标将是中国货币政策框架未来发展的趋势。由于货币、信贷等指标仍然反映大量相关信息，因此放弃货币数量作为中间目标并不意味着完全放弃对货币和信贷指标的关注。

第二，金融体系的摩擦对经济周期和货币政策传导可能产生的负面影响不容忽视。1997 年之后通货紧缩期间货币政策传导渠道阻滞很大程度上是由于实体经济“资产负债表”效应恶化造成的。然而近年来随着地方融资平台债务规模不断扩大、房地产价格泡沫积累等都对金融机构资产安全造成潜在威胁。资产泡沫业已形成，紧缩的货币政策未必是最优选择；如何通过加强宏观审慎监管，平稳化解资产泡沫是对包括货币政策当局在内的中国政策制定者的艰巨考验。

第三，政策利率将成为最重要的货币政策工具，但货币政策工具从数量型转变为价格型并不会随着利率市场化一蹴而就。政策利率主要是短期利率，政策传导涉及利率在不同金融资产之间以及不同期限资产之间进行传导的问题。完善的金融市场应该是货币政策传导渠道中必不可少的中间环节。完善的金融市场本是货币政策转型的应有之意，而这正是中国目前最欠缺的环节。完善的金融市场建立之前，货币数量中间目标将不断改进并长期使用。

第四，货币政策工具转型和利率市场化意味着货币当局不仅放弃了对利率的直接控制，并且货币政策也会面临因遭遇非负下限约束而失效的可能。因此一个适宜的货币政策规则应该能有助于降低货币政策失效的可能。尽管有经济学家提出用价格盯住制和名义 GDP 盯住制取代通货膨胀盯住制，但这两种货币政策规则尚未经实践检验，是否适合中国国情还需进一步深入研究。

第 十 二 章

“新常态”下货币政策的双重目标：控风险与稳增长①

中国经济进入“新常态”之后，面临着总需求加速下滑的局面。高债务率所导致的“债务—紧缩”效应以及市场上所采取的“杠杆率硬着陆”方式不仅加剧了金融市场潜在系统性风险，而且还导致货币政策陷入传导困境。由于市场化改革不完善，金融市场上预算软约束、刚性兑付现象大量存在。这不仅抬高了无风险利率，而且导致市场丧失风险定价功能。产品市场上大量僵尸企业存在，企业“借新债还旧债”现象普遍，降低银行信贷使用效率。

在此背景下，我们认为货币政策应该取向“适度宽松”的政策取向。在“杠杆率软着陆”的思路下，通过创新货币政策目标，调整传统货币政策工具水平，配合市场化改革，尝试探索新型货币政策工具并结合市场监管体系的完善，早日实现经济复苏。

---

① 本章是在笔者执笔的论文《控风险与稳增长挤压下的中国货币政策》基础上修改而成，原文出处为《经济理论与经济管理》2015 年第 11 期。

◈第一节　经济“新常态”下货币政策“名稳实紧”的状态

2007 年金融危机爆发之后，随着经济形势的不断变化，中国宏观经济政策也出现了深度调整。进入经济“新常态”后，宏观经济政策的“微刺激”已经常态化，但政策效果却呈现强烈递减现象。宏观经济政策效果不彰表明：一方面宏观经济政策思路和力度可能存在问题；另一方面说明我们此前对全球经济萧条的程度可能认识不足。中国宏观经济政策定位在 2008—2012 年和 2012—2014 年在过度“能动主义”和“无为主义”两个极端摇摆徘徊，从过度强调有效需求不足和危机管理向过度强调潜在供给能力下滑和结构性改革转变（中国人民大学宏观经济分析与预测课题组，2015）。宏观经济政策难以适应经济形势变化的要求，反而成为经济波动的根源之一。

2015 年 6 月中国股票市场的剧烈波动以及 8 月人民币兑美元中间价出现接近 5% 的调整再次将中国的货币政策推向舆论的焦点。尽管资产价格稳定是否应当被纳入常规货币政策框架仍然存在争议，但在金融市场出现动荡后，货币政策当局作为“最终贷款者”都不得不参与到金融市场中。除了稳定金融市场外，中国人民银行近期还面临来自稳定实体经济的重任。2015 年上半年中国宏观经济出现加速回落现象，部分区域和行业甚至出现塌陷式下滑。在此背景下，中央政府要求把“稳增长”放在更为重要的地位，各类“微刺激”政策全面加码，从 2011 年以来一直实施“积极财政”加“稳健货币”的宏观调控政策组合已经开始作出调整。

与发达经济体不同，中国目前正处于市场化进程之中，市场制度、规则尚需建立和完善。由于宏观经济形势的复杂性和此前宏观经济政策定位上的摇摆，货币政策面临重重困局。在金融市场动荡和宏观经济下行背景下，货币政策的基本定位应该从“名稳实紧”向适度宽松转向，特别是在去杠杆的问题上，应该借鉴债务—通缩理论的研究成果，采取“杠杆率软着陆”的模式实现去杠杆。尽管货币政策近期已经进行了调整，但仅是在原有思路上的边际调整。相对整个宏观经济形势而言，货币政策的整体思路应该进行比较全面的调整。

一　宏观经济下行趋势表明货币政策尚未实现预期目标

从经济增长率和通货膨胀率这两个最主要的指标来看，中国经济距离全面复苏尚有相当远的距离。

首先，无论是从名义 GDP 还是从实际 GDP 的增长速度来看，中国经济正面临潜在增速下滑和总需求下降双重风险。2015 年前两个季度实际 GDP 增速均为 7.0%，但第一季度名义增速率为 5.8%，前两个季度的累计名义增长率为 6.5%，均低于同期的实际 GDP 增长率，由此计算得到第一季度和前两季度 GDP 平减指数分别为 -1.2% 和 -0.5%。[①] GDP 平减指数综合反映了国内产出的价格变化，这意味着从产出角度衡量中国已经进入了通货紧缩时期。不仅如此，东北和西部部分地区出现塌方式下滑。2015 年第一季度，黑龙江、山西和新疆名义增速分别为 -3.2%、-2.1% 和 -4.2%。持续负增长显示部分地区已经陷入萧条。从历史经验来看，改革开放以来 GDP 平

① 如无特别说明，本章中的原始数据均来自国家统计局：http://www.stats.gov.cn/和中国人民银行：http://www.pbc.gov.cn/。

减指数出现负数仅发生过三次，分别在1982年、1998年以及2009年。其中1998年第二季度到1999年第四季度，GDP平减指数平均为-1.25%；2009年第一季度到第四季度，GDP平减指数平均为-1.4%。中国经济在这些年份都发生了严重的总需求疲软。由此可见，中国经济进入“新常态”以来不仅面临着潜在增速的下滑，2015年再次出现GDP平减指数负增长表明总需求严重不足。潜在增速下滑和总需求下降严重制约经济复苏。

其次，价格水平增速低位徘徊。经过季节调整后2015年8月CPI三个月增长年率达到3.9%，这显示消费者价格有回升趋势。但指数回升主要是由于食品特别是猪肉价格上升造成的，其他消费品价格上升不明显。猪肉价格上升与生猪供给周期有关，很大程度上是由供给方面的因素造成的。8月PPI季节调整后的3个月增长年率约为-5%，表明投资需求依然疲软。更重要的是，对于工业企业而言，其产品价格变化对应的是工业品出厂价格指数，如果企业贷款利率下降幅度低于PPI下降幅度，那么整个工业生产部门的实际利息负担将继续上升。

二　经济下滑状态下货币政策总体上是“名稳实紧”

虽然中国近期的货币政策在名义上保持稳健定位，但是通过对货币条件的分析，可以发现货币政策实质上是一个“名稳实紧”的状况。

首先，货币增长率维持较低水平。2015年第一季度和第二季度M2同比增速3个月移动平均分别在12%和11%左右；其中4月和5月同比增速仅有10.1%和10.8%，是亚洲金融危机以来的最低水平。

即便在2000—2001年中国持续出现通货紧缩的时期，广义货币同比增速移动平均值仍然在13%左右。由此可见，货币增长速度处于历史相对较低水平。从经过季节调整后的M2三个月环比增长年率来看，政府也曾经采取过货币政策刺激手段，分别发生在2013年的3月和2014年的4月。但是由于担心重蹈大规模刺激后遗症的覆辙，这两次“微刺激”并未能持续足够长的时间。从2015年5月份开始，M2环比增速又出现了一波快速上涨。由于6月之后以股票市场为代表的金融市场出现较大程度的波动，因此货币增速上升究竟是出于稳定股票市场的目的还是宏观政策的调整尚需时日观察。但不可否认的是，从2014年以来货币供给量增速偏低。

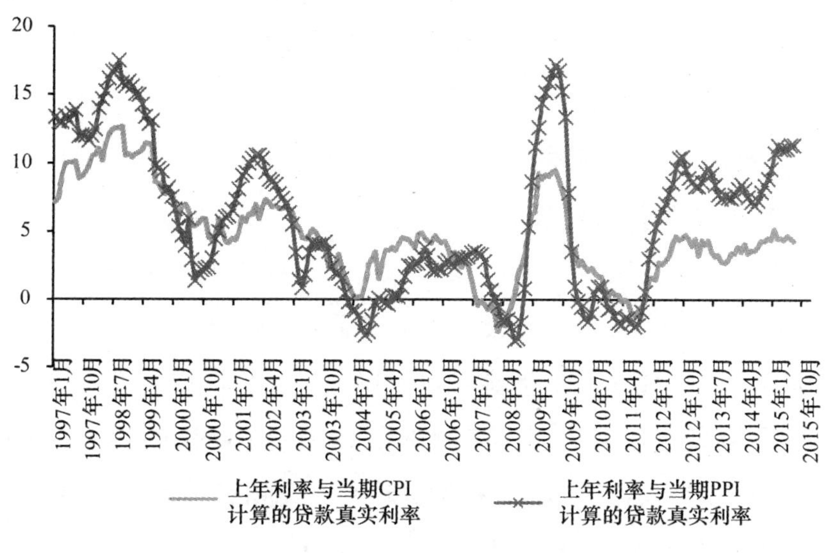

图12—1　实际贷款利率（%）

其次，实际利率居高不下。虽然中国人民银行从2011年7月就开始逐步降低存贷款基准利率，但由于此间价格指数，特别是生产者价格指数同比下降更快，导致实际利率处于较高水平，见图 12—1。2015 年之后以 PPI 计算的实际贷款利率已经持续超过 10%，如此情形仅在 1997 年亚洲金融危机和 2008 年美国次贷危机之后发生过。[①] 2008 年由于货币政策的迅速调整，实际利率虽然升幅较大，但持续时间有限。2009 年 6 月份以 PPI 计算的实际贷款利率达到 16.7%，到年底就已接近零的水平。从 2012 年年中开始，实际利率虽有波动，但一直处于 8%—10% 的较高水平。事实上，由于贷款利率上限已经放开，企业得到的名义贷款利率要远高于基准利率水平。例如 2015 年 6 月份，非金融企业及其他部门贷款加权平均利率为 6.04%，其中一般贷款加权平均利率为 6.46%，而同月贷款基准利率平均只有 5.1%。6 月份一般贷款中执行下浮利率的贷款占比为 17.43%，执行基准、上浮利率的贷款占比分别为 15.77% 和 66.80%。[②]

再次，名义有效汇率和实际有效汇率持续升值。自 2014 年年中以来，人民币名义和实际有效汇率均出现持续升值。从 2014 年 5 月到 2015 年 7 月，名义有效汇率指数从 110.6 上升至 127.5，在 14 个月时间内上升幅度达到 15%，实际有效汇率指数上升 16%。[③] 从纵向历史经验看，此轮人民币上涨幅度超过亚洲金融危机爆发后人民币升值的幅度。1997 年 7 月亚洲金融危机爆发后，人民币名义有效汇率指数从 82.9 最高上升至 1998 年 8 月的 95，上升幅度接近 15%，持续时间 13 个月；之后名义有效汇率开始贬值。实际有效汇率指数从 1997 年 7 月的 89.6 上升到 1998 年 1 月的 101.6，上升幅度为 13%，持续

① 本文中实际利率的计算方法为上年同月名义利率减去当月 CPI 或者 PPI 同比增长率。

② 2015 年第二季度《货币政策执行报告》。

③ 本节汇率指数数据均来自 BIS，2010 年 =100。

时间6个月；之后实际有效汇率开始贬值。2007年美国次贷危机之后，从2007年12月到2009年3月人民币也曾经出现过连续16个月的升值窗口，人民币名义有效汇率指数和实际有效汇率指数上升幅度均为21%。从横向国际比较来看，2014年年中到2015年7月，全球大国货币中，只有美元与人民币汇率指数表现出近似的升值趋势。美元名义和实际有效汇率指数分别升值15%和14%。而在此期间，除了英镑出现约7%的升幅之外，欧元、日元均出现贬值，贬值幅度在10%左右；作为“金砖国家”之一的巴西汇率贬值幅度在20%以上。

综上所述，无论是从货币供给速度、实际利率水平还是实际汇率走势来看，名义上稳健的货币政策实际上是相对紧缩的状态。货币政策的定位与中国面临的总需求不足和经济下行状况不匹配，亟待调整。

第二节 金融动荡与经济下行压力下货币政策的困局与挑战

“新常态”下中国宏观经济现状的复杂性导致货币政策客观上面临着种种困局，需要对货币政策的基本思路和具体政策进行调整。

一 “杠杆率硬着陆”阻塞货币政策传导

2007年之后中国全社会杠杆率出现快速提升。由于中国金融市场是以间接融资为主，无论是地方政府还是各类企业，相当部分债务均源于银行贷款。即便是急剧膨胀的“影子银行”也与传统银行体系存在着紧密联系。随着宏观经济减速以及偿还压力增加，银行系统的坏账率和潜在系统风险都存在上升趋势。沉重的债务负担不仅迟滞了中国经济复苏的脚步，而且银行系统安全问题还影响到全球投资者对中国经济的预期，导致金融市场出现波动，成为悬挂在中国经济之上的一把达摩克利斯之剑。

根据《中国国家资产负债表2015》披露，截至2014年年底地方政府负债规模估计为30.38万亿元，资产负债率为28%，与当年GDP的比重为48%。非金融企业债务规模从2007年的30.8万亿元飙升到2014年的73.8万亿元，企业债务占GDP的比重从97%升高到123%的高位。随着宏观经济下行压力加剧，地方政府和企业面临着巨大的财务压力。

研究发现经济繁荣时期银行信贷相对GDP扩张越快，其后在萧条时期导致的后果越严重，经济复苏进程也愈缓慢。面临如此沉重的债务负担和潜在系统风险，“去杠杆”成为维持金融稳定和启动经济复苏的基本要求。然而“去杠杆”的方式如果不科学，可能会引发更大的经济波动或者市场动荡。无论对于实体经济还是虚拟经济，威胁经济安全与复苏的并非债务余额本身，而是超出了企业偿债能力的超额债务。“去杠杆”的过程本质上是要将企业的债务与净资产的比例降低到安全水平，使得企业的偿债能力上升，以重新获得银行贷款进行投资，迎接下一轮经济复苏和加杠杆。为了阐述方便，我们将“杠杆率”定义为债务余额与净资产的比例：[①]

$$杠杆率 = 债务余额/净资产 \tag{12.1}$$

① 在一般教科书中杠杆率一般表示为：总资产/净资产，本文中的定义出于叙述方便。

降低杠杆率有两种途径。第一种途径是削减企业债务余额，本文将其称为“杠杆率硬着陆”方式。这种方式虽然直接，但无论在金融市场还是在实体经济中都可能引发“债务—通缩”的恶性循环，债务率的下降是以金融市场动荡和宏观经济萧条为代价。降低杠杆率的第二种途径是增加企业净资产，本文将其称为“杠杆率软着陆”方式。相对于前一种方式软着陆方式可能更能实现在去杠杆的同时保持金融市场和宏观经济的稳定。

在实体经济中，“杠杆率硬着陆”方式的典型案例就是萧条时期的银行惜贷。从微观个体来讲，银行对企业减少甚至提前收回贷款具有个体合理性。但是微观个体的合理性可能导致宏观层面上的非理性结果，这就是“通货—紧缩”的恶性循环机制。在金融市场上，“杠杆率硬着陆”的最新案例是2015年6月中国的股市暴跌。随着对违规配资的严查股价下跌引发强制平仓和股价进一步下跌的恶性循环。这种“杠杆率硬着陆”的模式可能导致“债务—紧缩”恶性循环，给整个宏观经济造成沉重的负面影响。

从企业角度看，为了偿还债务，企业不得不出售更多资产，从而造成资产价格和企业价值大幅度缩水，增加了企业倒闭的风险。这就是著名的“债务—通缩”理论所描述的状况。“债务—通缩”不仅使得企业贷款需求下降，而且宏观经济投资需求不足。从金融机构角度看，企业资产价格及其利润增减直接影响到金融机构的资产安全及其坏账比例。如果出现大范围企业破产，将会拖累金融机构自身的安全。中国商业银行系统坏账率已从2014年第一季度的1.04%升至2015年第二季度的1.5%。从整个宏观经济角度看，金融企业为了自身资产安全减少信贷供给，将会减少社会总需求。银行减少对家庭和企业的贷款，导致消费需求和投资需求不足，严重拖累总需求，结果造成银行惜贷→总需求不足→经济萧条→投资风险上升→银行进一步惜贷的恶性循环。从货币政策角度看，“杠杆率硬着陆”的模式往往会破坏货币传导渠道，导致货币政策传导阻滞。在通货紧缩期间，金融监管机构往往会逆周期地强化金融体系安全监管，加剧信贷供给下降。

二 常规政策工具在经济下行状态下的有效性被削弱

除了上文中提到的经济下行期间，金融机构由于自身安全减少信贷供给现象之外，还有多种因素导致常规政策工具有效性被削弱。

第一，单纯盯住产出缺口和通货膨胀缺口的货币政策规则既无法全面反映中国的宏观经济现状，也无法引领货币政策及时调整。作为国外主流的货币政策规则，泰勒规则在技术层面上存在一些困难，主要体现在：首先，均衡实际利率难以确定，需要在经济波动过程中反复测算。其次，产出缺口难以测算，并且在测算上存在较长时滞。最后，盯住消费者价格指数规则虽然得自社会福利函数，但不能反映产出价格变化对收入和福利的影响。

中国经济进入“新常态”本身就意味着经济增长模式和增长趋势可能发生变化。在这种结构调整过程中，测算潜在产出本身就是非常具有挑战性的工作。更重要的是，仅仅盯住产出缺口和通货膨胀并不能全面反映中国经济下行和总需求不足的现状。从通货膨胀角度看，尽管 PPI 同比增长率已经连续三年下滑，但泰勒规则所盯住的 CPI 或者核心 CPI 都处于相对稳定的较低水平。但当我们将注意力集中到总需求方向时，可能会发现不一样的结论。2015 年第一季度名义 GDP 增速仅为 5.8%，前两个季度累计名义增长率为 6.5%，均低于同期的实际 GDP 增长率。根据累计 GDP 增长速度计算得到的 2015 年第一季度和前两季度的 GDP 平减指数分别为 -1.2% 和 0.5%。这意味着从 GDP 平减指数角度衡量，中国已经进入了全面通货紧缩时期。

在继续关注通货膨胀和产出缺口的同时，货币政策还可以将名义 GDP 增长率作为政策关注的目标。名义总需求不足的危害至少体现在三个方面：第一，名义总需求下降直接导致收入和就业下降；第二，总需求下降更严重的危害性在于损害了企业的盈利和未来融资的能力，导致货币政策传导机制出现阻塞，阻碍经济复苏的进程；第三，持续的总需求不足将会导致未来供给能力下降，部分劳动者因长期失业退出就业市场，投资不足导致资本存量下降，直接影响未来潜在增长率。

事实上，由于通货膨胀盯住制货币政策规则在金融危机中的表现不佳，危机之后西方一些经济学家提议用其他货币政策规则取代通胀盯住制，希望通过新的货币政策规则增强货币政策反应对宏观经济变化的敏感性，同时降低遭遇非负利率下限失效的概率。其中最热门的备选方案之一就是名义 GDP 盯住制。在名义 GDP 盯住规则下，货币当局以名义 GDP 增长率作为货币政策的中间目标，该目标在设定时由实际 GDP 增长率目标加上目标通胀率构成。

和通胀盯住规则相比，名义 GDP 规则有利于维持资产市场稳定从而降低金融危机和常规货币政策失效的可能性。由于资产泡沫的形成往往伴随着名义或者实际产出过快增长，因此与通胀盯住规则相比，名义 GDP 盯住制对抑制资产泡沫更加有利。而且名义 GDP 增长率实际上是通胀率与产出增长率之和，因此该政策规则还使货币政策的单一目标与双重任务得以兼容。与通胀盯住制相比，名义 GDP 盯住制的优势还体现在：首先，有利于维持劳动市场稳定；其次，可以更加稳健地应对供给冲击，在负面供给冲击下通过提高对通货膨胀的容忍度，避免过度紧缩政策对实体经济产生进一步的负面影响；最后，名义 GDP 规则还具有较好的可控性和灵活性，既可以维持长期价格水平稳定，抑制货币政策中潜在的动态不一致性问题，又为决策者应对短期冲击预留操作空间。

第二，金融市场扭曲阻塞数量型工具和价格型工具传导。目前，中国货币政策仍然以货币数量作为中间目标。货币供给是由中央银行和以商业银行为核心的金融市场共同完成的。正常情况下，央行通过控制基础货币来影响货币总量。在经济面临下行压力，由于风险上升时，出于资产安全考虑，商业银行会出现惜贷现象。加之监管机构通常逆周期地加强金融监管，往往导致经济下行时期信贷供给和货币供给增速下降。此外在中国，货币流通速度通常会在低通胀时期发生周期性下降，进一步削弱了货币数量供给的效果。此外在金融市场发生动荡时，央行作为“最终贷款人”对市场注资，往往会干扰实体经济稳定目标。短期内对金融机构贷款的大幅度增加可能会对实体经济贷款需求产生挤出效应。与对实体经济贷款相比，稳定市场的资金带来的是财富的再分配而不是有效需求与经济增长。

在利率市场化进程中，由于市场化工具和体系尚未完善，刚性兑付和财务软约束现象长期存在，价格型工具的作用同样被削弱。首先，刚性兑付现象长期存在，导致无风险利率居高不下。刚性兑付不仅导致金融产品风险和收益不匹配，还人为抬高了市场上的无风险收益率，成为融资成本居高不下的重要原因。其次，刚性兑付下，资金加速流向高收益的理财产品和非标准化债权产品。随着实体经济投资回报率下降，面对高昂的融资成本，实体企业难以从金融市场获得融资。再次，地方融资平台和国有企业存在“财务软约束”，对资金价格不敏感，占用了大量信贷资源，加剧了中小企业“融资难”和

“融资贵”现象。最后，中国尚未建立起像美国那样完备的公开市场操作体系，也没有欧洲货币市场的“利率走廊”制度，中央银行无法稳定掌控银行间市场利率，更缺少有效调节长期利率的工具。2015年以来，虽然短期利率在政策干预下出现下降，但长期利率仍然维持较高水平，抑制消费和投资的增长，见图12—2。

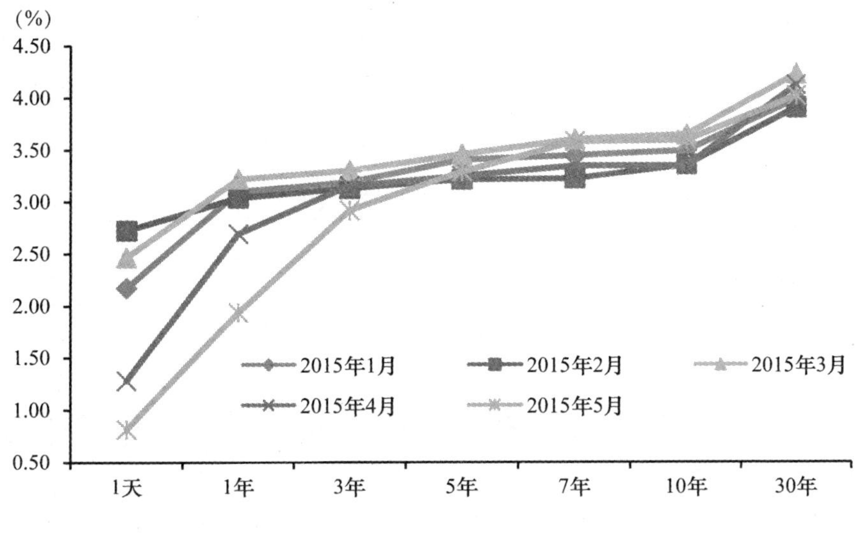

图12—2　债券利率期限结构

第三，资本流动加速央行内部目标和外部目标之间的冲突。2015年3月开始外汇占款存量开始出现持续负增长，平均每月下降比例在1%左右。7月金融机构口径外汇占款23.9万亿元，同月贸易顺差430亿美元，实际利用外资505.5亿元人民币。通过计算新增外汇占款和贸易顺差以及实际利用外资总额的差额近似估算资本外流水平可以发现，截至6月累计资金流出已达到3733亿美元，超过去年全年3724亿美元的水平，7月累计资金流出扩大到4667亿美元，见图12—3。资本短期内的快速外流无疑会对人民币汇率造成冲击，进而影响到金融市场稳定和宏观经济复苏。从稳定资本流动和汇率的角度看，提高利率是正当的选择；然而从稳定宏观经济的角度看，经济下行时货币政策应该选择降息。内部目标和外部目标之间的冲突显然增加了货币政策的难度。

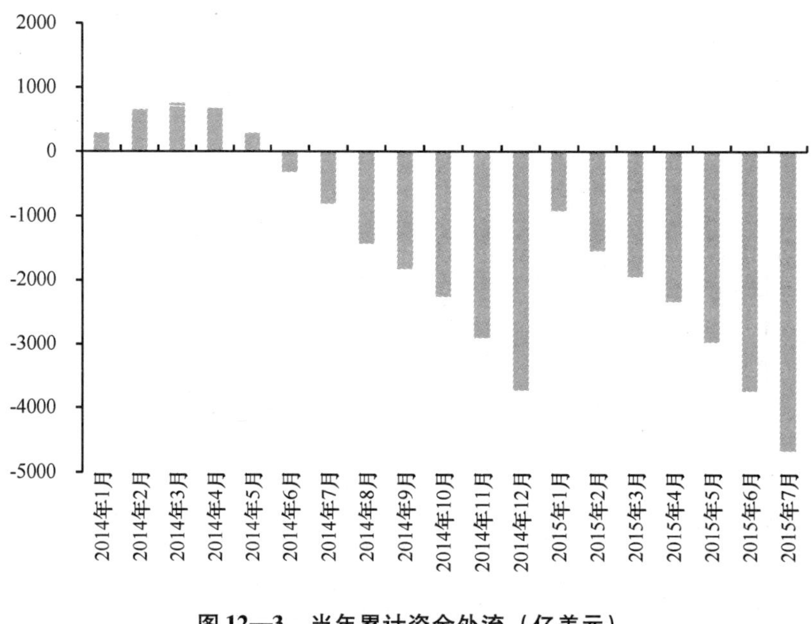

图 12—3 当年累计资金外流（亿美元）

三 金融市场安全掣肘货币政策实施

历次金融危机的教训表明货币政策要正常发挥作用的前提是健康的金融体系。金融危机期间的货币政策可以形象地形容为一场金融稳定保卫战。2008 年之后，如何避免系统性风险成为金融监管部门的关注点，而系统重要性银行是监管的核心。产生系统性风险的机制在于金融体系已经成为相互联结、相互影响的网状结构。一个金融机构出现问题，会通过这种网状结构迅速传递给其他市场参与者，造成灾难性后果。目前金融市场安全影响货币政策实施的表现主要体现在以下几个方面：

第一，金融风险全面加剧，威胁金融市场安全。金融市场作为货币政策传导机制的重要组成部分，其安全性直接决定货币供给渠道是否畅通。随着2011年“城投债”、2014年“超日债”到2015年“天威债”违约，中国债务风险开始全面蔓延，传统“借新还旧模式”已处于崩溃的边缘。2015年之后，信用违约事件更为频繁，违约主体开始向大型企业和国有企业扩展。“ST湘鄂债”成为国内首支在公募市场上本金违约的债券，“天威债”成为首支国有企业在公募市场上违约的债券。这标志着中国债务风险全面向深度纵深。

第二，“影子银行”等创新加剧金融风险的同时削弱货币政策效果。金融创新是一把双刃剑，在推动经济发展、提高市场资源配置效率的同时，也可能带来新的风险。近年来，在利益驱动下商业银行通道类业务逐渐扩张，表内业务表外化的趋势有增无减，从早期的银信合作、同行代付到银证合作、银基合作、信托受益权等，市场上金融创新层出不穷。“影子银行”规避了存款准备金率、存贷款利率以及存贷比等监管和限制，涉及商业银行、证券公司、信托、资产管理公司和保险公司等多种金融机构。正常情况下，“影子银行”在某种程度上是目前国有垄断银行体系的一个较好的补充。但这一体系最根本的问题却在于其抗风险能力较弱，一旦出现大面积的资金链断裂，其结果将更具有蔓延性和恐慌性，沉重打击实体经济。不仅如此，金融创新不仅削弱了货币当局对基础货币的控制能力，加剧货币乘数的波动性；同时还削弱了货币与宏观经济变量之间的相关性，导致货币政策有效性下降。2013年货币市场两度上演的“钱荒”很大程度上是由金融机构同业业务造成的。

第三，分业监管模式导致货币当局只能被动适应金融市场变化。2015 年 6 月份开始的股市波动导致金融市场出现较大波动，而场外配资虚拟化正是导致这次股市大震荡的关键因素之一。在泡沫破灭的整个过程中，监管缺位和金融市场制度建设滞后放大了金融市场波动。在整个配资循环中，银行向配资公司提供杠杆资金存在监管；客户从事证券交易存在监管，而恰恰是配资公司构造分级账户及向客户配资这一核心环节却存在监管真空。正是这一监管真空导致市场泡沫未能及时得到预防。分级账户虚拟化是监管失灵的表现。从制度建设的角度看，当市场上出现大面积强制平仓后，缺少类似货币市场的“最终贷款人”，导致投资者只能通过抛售股票获得流动性，最终导致市场上由于没有交易对手竟然出现“几百手的卖单就能封跌停”的局面，货币当局为了市场稳定不得不大量注入流动性。

那么，为什么会出现监管真空呢？中国金融市场过去一直采取分业经营和分业监管的模式，近年来，金融市场在混业经营的国际大趋势下也开始混业探索，但监管层面并未做出实质性改变，只不过建立了多部门协调组织而已。当银行开始混业经营，而金融监管仍以分业监管为主基调时，监管真空难免发生。监管缺失导致资产泡沫和风险积累，而货币政策当局对此无能为力。

第三节 “新常态”下中国货币政策转型的思路

一 通过“杠杆率软着陆”恢复信贷市场功能

高债务和高杠杆是导致金融体系动荡的根源，去杠杆则成为经济恢复稳定的重要手段。政策当局应该关注的是整体资产负债表而非仅仅是杠杆率本身。不同的资产负债表结构意味着不同的杠杆率均衡水平。去杠杆只是金融体系功能恢复的手段和表现，经济复苏最终依靠的依然是金融体系正常功能恢复。

由于不同经济体在发展阶段、制度差异和资源禀赋等方面存在巨大差异，并没有统一的合理杠杆率。因此去杠杆除了要规避金融风险之外，更重要的目的还在于重建信贷市场的宽松环境和货币政策传导渠道。从这个角度看，我们认为与通过减少信贷或者企业负债的"杠杆率硬着陆"方式相比，通过增加企业净资产来实现"杠杆率软着陆"可能更有意义。"杠杆率软着陆"不仅可以实现降低金融风险的目的，更重要的是通过增加企业的净资产，提高其偿债能力，能够理顺信贷市场内部关系，恢复信贷市场融资功能，助力总需求和宏观经济复苏。实现"杠杆率软着陆"的根本方式在于增加企业的净资产。其资金来源无非两个：一是依赖外部股权资金注入；二是依赖内源融资，即通过企业利润转增资本金。

就外部股权资金注入而言，很多国家在企业业绩下滑、宏观去杠杆和资产负债表修复的过程中曾经出现股市快速上升甚至出现泡沫现象。这表明可以发挥股票市场的融资功能，以达到去杠杆、减负担的作用。正如"长期停滞"理论所阐述的那样，局部泡沫可能是医治总体债务困境的好办法。然而正如中国人民大学宏观经济分析与预测课题组（2015），最后的参考文献增加一条：中国人民大学宏观经济分析与预测课题组，《中国宏观经济分析与预测（2015 年中期）报告》，《经济理论与经济管理》2015 年第 8 期。所指出的，利用股市繁荣来达到去杠杆和启动经济虽然可能是顺应潮流的战略选择，但依然会带来巨大的风险。能否有效驾驭这些风险，不仅关系到宏观去杠杆的成败，也决定是否会造成宏观经济更大的动荡。随着中国股票市场在2015年6月之后出现剧烈波动，监管机构已经暂停了新股发行。利用股市繁荣来达到去杠杆和启动经济的目标难以实现。从降低杠杆率的角度看，吸引外资同样具有重要的意义。由于中国吸引的外资主要以外商直接投资为主，外资注入不会增加企业债务，相反由于增加了企业自有资本反而有利于企业杠杆率的下降和偿债能力的提升，有利于信贷市场功能的恢复。但是无论是股市融资还是外商直接投资，在全社会融资总额中所占的比例相当有限，不足以完全实现去杠杆的目标。

由此可见，解决企业杠杆率过高问题的主要手段还是要依靠企业内源融资，即企业未分配利润转增资本。从恢复企业利润和自有资本金的角度看，主要的政策选择是减税和降息，两者都着眼于企业的财务负担。从财政政策角度看，包括营改增和加速固定资产折旧等方式都可以减少企业税收负担。从货币政策角度看，增加企业利润和自有资本金的方式是通过降息来实现企业财务成本降低。当然这种方式本身的局限性在于：首先，在贷款基准利率放开后，央行货币降息的政策效果是否能有效传达到信贷市场乃至更广义的金融市场可能存在一定的问题；其次，即便是信贷市场利率下降，企业财务成本要想下降也需要在新的贷款合同生效后才能发生，因此这种方式可能会有较长的时滞。

那么，包括降息和降准在内的宽松货币政策能够对企业财富成本产生多大影响呢？基于4.6%的一年期基准贷款利率已经是近20世纪90年代以来的最低水平，陈彦斌等（2015）假设央行采取两次降息操作，累计降息0.5个百分点，其余采用降准操作推高通胀率2个百分点的情况下，对比了单一降准和降息与降准相结合两种操作模式降低企业财务成本的效果，见表12—1。作者发现如果只采用降准操作，将会降低企业融资成本0.32万亿元，减轻企业债务负担1.48万亿元，合计1.8万亿元。如果同时采用降准和降息操作，将会降低企业融资成本0.4万亿元，减轻企业债务负担1.48万亿元，并削减债务利息0.3万亿元，合计2.17万亿元。如果企业将货币政策带来的收益用于投资，固定资产投资增速将会额外提高3.5—4.2个百分点，有助于经济摆脱萧条。考虑到中国经济下行压力和全球萧条严重程度的变化，未来降息的幅度可能比设定的目标更大。

表12—1 宽松货币政策给企业带来益处的估算结果（单位：万亿元）

基本信息		情形1：降准		情形2：降准+降息	
债务规模	73.8	削减债务负担	1.48	削减债务负担	1.48
				削减债务利息	0.30
融资规模	16.0	降低融资成本	0.32	降低融资成本	0.40
当年偿债规模占比	20%	收益合计	1.80	收益合计	2.17

资料来源：陈彦斌等（2015）。

二 货币政策总基调由“名稳实紧”转为适度宽松

在全球经济萧条和中国经济下滑已成现实的情况下，货币政策的基本定位应该从“名稳实紧”转为适度宽松。通过利弊权衡，适度的宽松政策将对中国经济复苏产生积极贡献，主要有以下几个方面的原因。

第一，从全球经济的整体环境和中国宏观经济的现状看，中国经济正处于潜在增速下滑和有效需求双重打击之下。持续的总需求不足将带来中长期供给和潜在产出水平的下滑。有效需求不足长期存在会通过人力资本加速折旧、物质资本形成速度下降、金融效率弱化以及内在结构性扭曲加大等渠道导致潜在增长速度回落。因此稳定总需求无论对稳定中国短期宏观经济稳定还是长期经济增长都有重要意义。

第二，宽松的货币政策可以为恢复信贷市场功能和货币政策传导机制创造必要的条件。一方面，通过宽松货币政策推高价格水平可以使一国摆脱通缩状态，降低企业和家庭的实际债务负担，使投资需求和消费需求有所扩张。更重要的是，通过企业资产负债表的修复提升企业的偿债能力，有助于恢复货币供给的信贷投放渠道。

第三，在“新常态”宏观经济背景下，宽松的货币政策不会导致此前“四万亿”刺激政策时期的经济过热现象。由于地方政府债务约束，财政政策对宏观经济的刺激力度相对有限，不会导致大规模的派生货币供给增加。而且在企业债务和银行坏账规模扩大的背景下，金融机构风险意识提升，扩张性货币政策的刺激效应会在金融市场传递过程中一定程度被削弱。

第四，通货膨胀和股市泡沫整体处于较低水平，为宽松货币政策提供了有利的外部条件。2015 年 8 月生产者价格指数季节调整后的 3 个月增长年率约为 -5%；消费者价格指数经过季节调整后的 3 个月增长年率在 3.9% 左右，近期虽有较快反弹，但主要受猪肉、蔬菜和蛋类价格较大反弹的影响，剔除食品价格之后的消费者价格指数增长率仍然在较低水平。

第五，科学看待稳增长和调结构的矛盾。对于宽松货币政策一个可能的担忧是“大水漫灌式”的货币政策可能会加剧中国的产能过剩和重复建设，不利于经济结构的调整。然而在宏观经济下行和完善的市场退出机制尚未建立起来的背景下，过度紧缩不仅无法完成结构调整目标，还可能造成更大的经济衰退。

三　市场秩序和微观主体重建

通过软着陆的方式去杠杆本质上是在宏观经济政策引导下通过市场机制实现杠杆率下降。在相对宽松的宏观政策环境下，有竞争力的行业和企业通过盈利或者吸引注资实现资产负债表的修复以及负债能力的重建。为了帮助更快地实现“杠杆率软着陆”，有以下几个方面的工作需要进行。

首先，加快推进市场化改革进程，完善货币政策向信贷市场的传递渠道。在信贷市场上大量拥有政府隐性担保和具有财务软约束的融资平台和国有企业存在，这些企业不仅对资金需求量大而且相对缺少价格弹性，使得信贷市场超额需求长期存在。这导致信贷市场利率居高不下，民营企业和中小企业融资难、融资贵现象常态化。

其次，金融市场利率居高不下的另一个原因是市场上广泛存在的刚性兑付现象。刚性兑付导致金融市场无风险利率居高不下，贷款利率水涨船高。因此要想实现货币政策在信贷市场的顺利传导，必须要有序打破刚性兑付，完善金融市场风险定价功能，并且配合对政府隐性担保和财务软约束的清理，才有可能实现基准利率向信贷市场利率的顺利传递。

再次，加速清理僵尸企业，鼓励通过兼并重组进行债务重组。冯俊新（2015）对比了有限债务责任和无限债务责任体制对去杠杆进程的影响，发现在私人债务不具备追索权（non-recourse）的国家更容易通过破产重组恢复信贷市场功能，在这一过程中破产企业的债务灭失，新企业得以以较低的负债率进入信贷市场，因此去杠杆的速度会比较快。中国经济进入“新常态”初期，企业借新债还旧债的现象相当普遍。许多银行贷款仅仅是维持一些僵尸企业的生存，并没有转化为现实的投资需求。特别是在一些地方政府的行政干预下，一些僵尸企业“死而不僵”，大量占用信贷资源，直接决定去杠杆策略的成败。

最后，通过法律手段淘汰落后、过剩产能，强化市场主体重建。宽松货币政策不可避免地在一定程度上产生“大水漫灌”的后果，为了使得货币政策能够更加精准地传递到实体经济，并在尽可能短的时间内发挥作用，应该通过法律而非行政手段加速市场主体重建，淘汰落后产能。

四 完善多目标广义货币政策框架

2007 年金融危机的爆发使得经济学家和政策制定者深刻认识到“保持价格稳定并不能避免金融危机的爆发”，货币政策需要有更广阔的视野。危机之后，除了量化宽松等“非常规”货币政策之外，为了避免金融危机再次爆发，宏观审慎监管成为政策革新的主要方向。在“新常态”初期“低迷与繁荣、萧条与泡沫并存”的复杂宏观经济形势下，货币政策除了稳增长、促改革和调结构等各项宏观政策目标之外，还应该肩负维护金融安全与推动金融市场改革的任务。维护金融安全并非简单指金融资产价格稳定，而是指货币政策当局和监管机构应该致力于消除金融市场潜在的“系统性风险”。

事实上，货币政策该如何应对资产泡沫在学术界和政策界仍是存在争议的问题，尤其是耶伦之前的历任美联储主席都坚持对资产泡沫采取善意忽略的态度。即便如此，为了避免金融危机的再次爆发，2010 年美国还是通过了《多德 - 弗兰克法案》，大幅度扩充了美联储的监管职权，确立了美联储在美国系统性风险管理和金融监管框架中的核心地位。中国以间接融资为主，银行体系更容易成为系统性风险集聚和爆发的节点，货币政策当局所面临的系统性风险防范压力更加严峻。而且作为新兴市场国家，无论是金融市场还是监管体系尚处于发展阶段，极易发生两者发展速度不匹配的现象。从各国的经验来看，金融创新往往快于监管制度发展。金融体系市场化改革的根本目的是为了提高资源配置效率，但从全球的历史经验看，金融市场化改革和开放的过程也往往伴随着金融危机。

历史上比较严重的经济衰退或者萧条大都伴随着金融危机。金融危机的爆发不仅会葬送多年经济建设的成果，而且会中断既定的改革进程。首先，金融危机无疑会导致国家和个人财富大量缩水。例如，美联储在 2012 年 6 月公布的家庭金融调查报告表明，美国家庭财富净值中值从 2007 年的 12.64 万美元降至 2010 年的 7.73 万美元，下降幅度接近 40%，其中大部分财富缩水与房地产市场泡沫破灭导致房产价值下降有关。[①] 其次，金融市场的动荡会干扰常规货币政策的实施。作为金融市场的“最终贷款人”，央行不得不在金融动荡时对金融市场投放大量流动性，必然对社会流动性总量产生不确定影响。投入到金融市场的流动性还可能挤占实体经济的资源。与对实体经济的贷款相比，稳定市场的资金带来的是财富的再分配而不是有效需求与经济增长。为稳定市场而投放的贷款所产生的挤出效应可能会对总需求造成更大的负面影响。最后，从更加宏观的角度看，金融市场的动荡可能迟滞甚至会打乱中国市场化改革的进程。金融体系市场化改革是中

① 家庭财富净值是指家庭房产、银行账户、股票等资产扣除抵押贷款、信用卡等债务后的差额。美联储自 1989 年每三年针对美国家庭进行调查，详见：http://finance.ifeng.com/gold/jskxsj/20120613/6599271.shtml。

国经济改革和发展的客观要求及内生结果。中国的市场化进程属于典型的供给引导型，政府希望通过市场化改革提高经济增长效率，并在改革过程中发挥主导作用。当金融市场发生动荡后，出于经济安全的考虑，政府可能会暂时中断原有改革进程。例如在2015年6月份的股市波动后，监管当局暂停了企业IPO及一些卖空交易。金融市场动荡以及政府一系列行政干预措施必然对中国的利率和汇率市场化以及人民币国际化等一系列进程造成影响。

由于货币当局兼具金融市场的“最终贷款人”和货币政策执行者双重身份，在经济下行和金融市场动荡的背景下，中国人民银行不仅应负责日常货币政策实施，同时还要肩负维护金融安全与推动金融体系市场化改革的重任。在混业经营已成事实的情况下，为避免金融动荡的再次发生，应该重构以央行为核心的统一监管框架。

第 十 三 章

利率市场化条件下中国货币政策框架重构

利率市场化的本质不仅是指存贷款利率市场化，还包括整个货币政策调控体系的重构。数量调控模式被发达国家的实践证明无法在金融创新飞速发展的时代完成货币政策目标，因此价格调控模式是货币政策框架改革的方向。本章针对价格调控的两种主要模式，即公开市场操作为主的模式和“利率走廊”为主的模式，进行比较研究，并在结合中国金融市场发展现状的前提下分析哪种模式更适合中国的利率市场化进程。

第一节　中国利率市场化的起点——金融抑制下的双轨利率体系

一　数量型工具退出的国际经验

近年来，中国的利率市场化进程呈现不断加速的态势。利率市场化不仅意味着存贷款利率的完全放开，同时还包括基准利率体系的培育，货币政策体系重构，形成市场化利率调控和传导机制，建立存款保险制度和发展利率风险管理工具等内容（周小川，2012）。受金融体系发育程度的约束，中国货币政策当局虽然在1998年的亚洲金融危机期间宣布放弃了直接的信贷额度调控模式，但此后货币政策仍然主要以准备金率、货币供应量等数量工具和目标为主。而以利率为主的价格型货币政策调控方式在货币政策中发挥的作用相对比较有限。

从国际经验来看，20世纪70年代之后随着金融创新的不断深入，涌现出大量新型金融工具和金融产品，而且各类型金融产品之间的替代性大大提高。这不仅导致货币与非货币金融资产之间的界限越来越模糊，而且随着居民货币需求稳定性的下降，货币数量短期内与通货膨胀和产出缺口等核心宏观经济变量的相关性不断下降。由于货币数量作为名义锚的有效性不断下降，中央银行试图通过修改货币供应目标和货币统计口径来增强政策有效性，例如1971—1986年间美联储曾6次对货币层次的划分进行调整，1970—1984年间英国对货币的定义修改达9次之多。但是上述调整终不奏效，西方发达国家在20世纪90年代之后陆续放弃货币数量目标和工具，转而采取利率等价格型政策工具，并一度取得了良好的宏观政策效果。例如1993年，格林斯潘在国会做证时承认美联储不再以任何货币总量作为实施货币政策目标；由于统计困难及其与经济关系稳定性下降，美联储于2006年3月停止了对M3的统计。

与传统的数量调控和行政干预不同，在利率市场化条件下，要求当金融机构能够根据市场基准利率进行产品定价和收益核算。因此利率市场化建设包含着市场基准利率体系的形成，而且中央银行可以通过调整中央银行利率体系和公开市场操作引导市场基准利率和收益率曲线变化，进而改变金融机构的行为，并最终实现价格、产出等政策最终目标。

二 中国金融抑制下的双轨利率体系

长期以来，金融抑制（repression）作为中国经济发展的核心战略之一，被认为是导致中国金融市场乃至整个经济扭曲的重要因素。金融抑制在利率体系上最重要的体现是零售市场管制利率，即商业银行体系中的存、贷款基准利率以及存款利率上限和贷款利率下限都是由中央银行管制的。[①] 而在银行间批发市场上，利率则早已实现自由浮动。因此中国利率市场化进程的起点可以看作是一个存在金融抑制的双轨利率体系。

然而存、贷款利率管制对金融市场的约束具有不对称。Feyzioglu等（2009）研究认为在存、贷款利率管制中，仅存款利率对金融市场造成了实质性的约束。何东和王红林（2011）、李宏瑾和唐珂（2013）发现贷款利率下限管制政策早在贷款利率管制完全放松之前就已经失效。根据中国人民银行发布的货币政策执行报告，自2004年之后只有16%—32%的贷款是采用贷款利率下限的，大多数贷款利率都是在下限之上，因此贷款利率下限在实际中大多约束无效（何东、王红林，2011）。

在以银行信贷为主要渠道的货币供给体系中，具有实际约束力的银行存款利率管制将会对贷款供给产生实质性影响，见图13—1。图13—1中，S 表示贷款供给，D 表示贷款需求，r 表示利率，q 表示贷款数量。金融压抑条件下，贷款供给曲线是 S_2；利率市场化条件下，贷款供给曲线是 S_1。金融压抑条件下，由于人为压低的存款利率上

① 2013年7月20日，中国完全放开了贷款利率管制。

限导致银行资金成本降低。在银行业充分竞争的情况下，低存款利率（低资金成本）导致银行贷款供给曲线向右移动，在图 13—1 中从 S_1 移动到 S_2 的位置。在这种情况下，银行愿意以低于均衡利率的水平供给贷款，而企业也会产生过度的信贷需求。因此在金融抑制条件下，市场决定的贷款数量为 q_2，对应的利率水平为 r_2 。

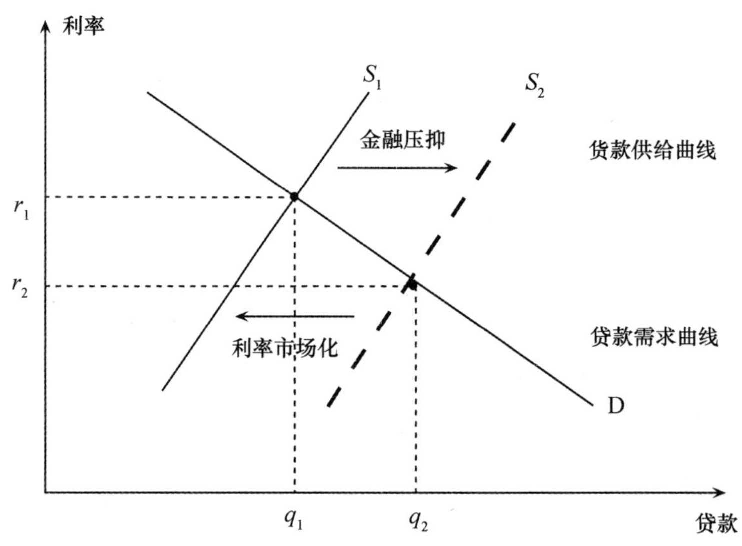

图 13—1　金融抑制下的贷款供给

金融抑制不仅对贷款供给产生影响，而且导致利率体系中银行间市场的批发利率与零售市场上的存贷款利率之间的动态因果关系发生逆转。在利率市场化国家中，银行间市场利率作为货币政策工具，其变化将会导致其他金融资产（包括银行存、贷款）价格变化，进而影响其他宏观变量。银行间市场利率变化是其他零售利率变化的原因。然而 Porter 和 Xu（2009）却发现中国银行间市场利率最主要的决定因素是被管制的零售市场存、贷款利率。存、贷款利率不仅决定了银行间市场利率的水平，而且决定了该利率的波动程度。尽管中国人民银行通过央行票据不断扩大公开市场操作的规模，公开市场操作的影响主要体现在是改变银行间流动性多少，对市场利率的影响不大。因此在中国，银行间市场利率变化反而成为被管制的零售利率变化的结果，对零售市场存、贷款利率的管制也降低了银行间市场利率作为价格信号进行资产定价和传递货币政策的能力。

何东和王红林（2012）以及 He 和 Wang（2011）讨论了存款利率上限有效而贷款利率下限无效时货币政策传导渠道的特征。如果市场上不存在信贷额度控制，提高存款利率上限会推高市场利率，而贷款利率下限的变化对市场利率没有影响；提高存款准备金率和发行更多央票将会推高市场利率。因为存款利率上限约束有效，当央行提高存款利率上限时，会吸引资金从银行体系外流入体系内，导致存款供给增加。而在银行间市场上，资金流出导致市场资金减少，债券价格下降、收益率提高。当资金流入银行系统变成存款后，部分资金作为准备金上缴，导致市场上的资金总量减少。这种机制会导致货币与债券市场的利率较没有提高存款利率上限时上升。

除了对金融市场造成扭曲之外，金融抑制被认为是导致中国经济长期以来存在结构性扭曲顽疾的重要原因。被人为压低的利率导致市场上供给了过多的流动性，导致通货膨胀压力的产生。流动性多进入国有企业和资本密集型行业，不仅导致经济结构畸形发展，而且衍生出收入分配和需求结构失衡等一系列问题。因此利率市场化所带来的零售利率管制的解除不仅意味着各利率之间因果关系和货币政策传导渠道的变异；而且可能将会对经济结构产生深刻的影响。

第二节 中国货币政策体系转型的基础

在利率市场化条件下，中央银行通过引导货币市场基准利率变动，使短端利率变化沿债券收益率曲线传递到长端利率，从而完成对实体经济的间接调控。为了使市场基准利率保持在合适的目标区间内，中央银行传统的调控方式主要有两种：一是通过公开市场操作；二是采取“利率走廊”模式。[①]

无论是何种利率调控体系，在利率市场化条件下要实现货币政策体系的转型要求有如下必要条件：首先，要有完备的市场基准利率；其次，中央银行要能够对市场基准利率实现有效的调控。

一 潜在市场基准利率雏形已经具备

由于中国货币市场和存贷款市场利率长期存在着二元结构，在此二元结构下，一些研究发现存款管制利率是中国金融市场上最具影响力的利率。上文中提到的 Porter 和 Xu（2009）发现中国银行间市场利率最主要的决定因素是被管制的零售市场存、贷款利率。存、贷款利率不仅决定了银行间市场利率的水平，而且决定了该利率的波动程度。公开市场操作的影响主要体现在改变银行间流动性的多少，对市场利率的影响不大。何东和王红林（2012）进一步研究了贷款利率管制放松后各利率之间的因果关系，同样发现存款利率和市场利率之间

① 对于上述两种方式，本书在第四章中进行了详细的说明，此处不再赘述。

的应该关系是从前者指向后者。[①] 但是在存、贷款利率全部放开之后，根据国际经验，货币市场上批发利率将决定零售市场的存、贷款利率，因此上述两个利率体系的因果关系将会发生逆转。

在存、贷款利率全部放开之后，利率市场化还包括货币政策体系逐步从数量调控型向价格调控型转变，进一步完善利率传导机制以及发展利率风险管理工具等必要的金融基础设施，而这些都离不开基准利率体系的建设。要顺利完成货币政策目标，货币市场基准利率在功能上必须满足一定的要求，从金融市场的角度看，市场基准利率应该具有市场代表性、基准性和稳定性的特征；而从货币政策调控的角度看，基准利率应该具有与实体经济的相关性，并且要求市场具备期限完整的收益率曲线。

经过多年的政策和市场培育，中国的 Shibor 与银行间市场质押式回购利率已具备货币市场基准利率的特征，可以作为潜在市场基准利率的备选。但是与银行间市场质押式回购利率相比，Shibor 自身有一定的缺陷需要克服。首先，Shibor 并不是市场实际成交的利率，仅是基于报价体系计算的利率。虽然中国人民银行在机制设计和监管体系方面使得 Shibor 在交易真实性和数据质量方面与 Libor 相比具备一定的优势，但毕竟分别剔除最高、最低两个报价银行后的简单算数平均利率无法完全反映市场的全部情况。其次，由于 Shibor 只是报价银行的报价，报价银行并没有成交义务，因此报价质量和真实性存在问

---

① 事实上在存款利率存在管制条件下，存款利率由中央银行货币政策决定，可以看作是经济体系的外生变量；而银行间市场利率可以看作由市场决定的，是经济体系的内生变量。根据外生变量决定内生变量的基本原则，自然是管制利率决定市场利率。同时在存贷款利率管制条件下，所谓的市场基准利率仅是指在某一特定市场的发挥基准作用的利率。

题，尤其是3个月以上的中长端Shibor报价和实际成交价之间的价差仍然较大。Shibor在商业银行资产负债表中的应用占比仍然较低。更为重要的是，以Shibor为基准利率的金融产品仍然较少，如浮息债中大部分仍然以定期存款利率作为基准利率。

银行间市场已经成为中国货币市场的主体。银行间债券市场经过多年的发展已具备了一定的市场广度和深度，为货币调控和有效传导货币政策提供了必要的条件。从交易品种来看，中国的货币市场包括同业拆借市场、债券市场和票据市场。同业拆借市场和债券市场构成货币市场交易的主体，其中，质押式回购占最主要部分，同业拆借利率和银行间市场质押式回购利率是中国最主要的货币市场利率。由于质押式回购规模远远超过同业拆借，中央银行以质押式回购利率作为政策目标能够最大程度地影响市场利率。而且，债券质押式回购有债券作为质押担保，其信用风险要远小于同业拆借，与基准利率所要求的无风险利率性质更为接近。因此，将隔夜银行间市场质押式回购利率目标作为中央银行基准利率是一个比较理想的选择。

二　潜在的“利率走廊”框架

由于长期以来包括贴现窗口、再贷款对存款准备金和超额准备金支付利息的制度长期存在，因此事实上由法定准备金利率、超额准备金利率、再贷款利率、再贴现利率等构成的央行利率体系，一定程度上具备“利率走廊”的类似功能。这些都是金融宏观调控由数量型为主向价格型为主逐步转变中的必要步骤（周小川，2012）。

中国在存款准备金制度建立之初就一直对法定存款准备金和超额存款准备金支付利息。出于清算和缴存法定存款准备金的目的，商业银行始终要保留一定的超额准备金。因此理论上超额准备金利率实际上就是中国货币市场利率理论上的下限。超额存款准备金利率长期保持稳定，自 2008 年 11 月以来一直保持在 0.72% 的水平。在货币市场上，再贷款和再贴现是金融机构从中央银行获得资金的渠道，利率上可以成为货币市场利率的上限。中国人民银行于 1998 年 3 月改革再贴现利率和贴现利率的生成机制，规定再贴现利率作为独立的利率档次由中央银行确定。2004 年 3 月中国人民银行实行了再贷款（再贴现）的浮息制度。超额准备金利率作为货币市场利率下限，再贷款（再贴现）作为货币市场利率上限，中国中央银行利率体系实际上具备了利率走廊的功能（周小川，2012）。

然而在现实中，再贷款（再贴现）作为货币市场利率理论上的上限，并没有完全发挥作用。在图 13—2 中可以发现，由于再贴现规模

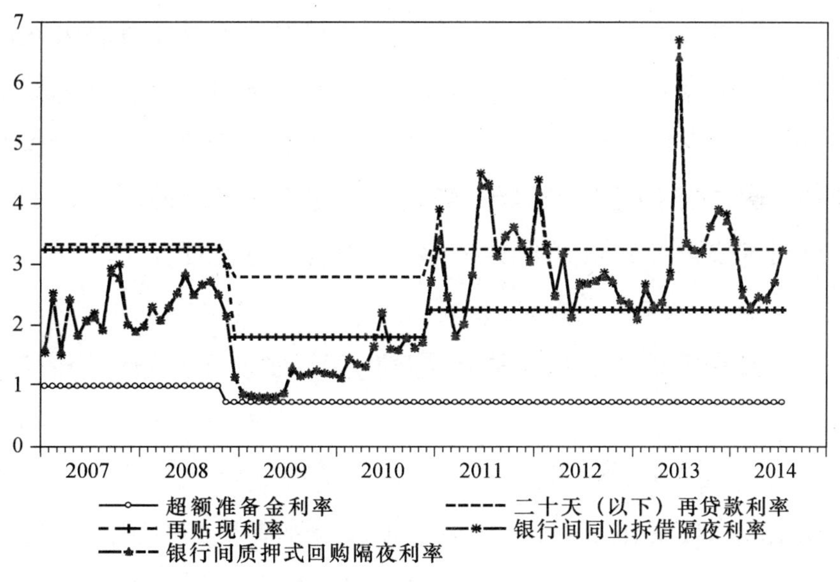

图 13—2　潜在的“利率走廊”框架（单位:%）

有限，无法作为中央银行向市场投放货币的主要渠道，因此自2011年之后，随着银行间市场利率的上升，银行间同业拆借利率和银行间质押式回购利率基本维持在再贴现利率之上。同样对于再贷款利率而言，2011年以来银行间市场利率也长期高于该利率水平。事实上，再贷款和再贴现曾经是中央银行主要的货币政策工具，但是在过去十年中，这两个工具的作用不断降低并逐渐淡出。由此可见中国银行间市场仅存在单边利率下限。

第三节 “利率走廊”模式的优势与中国的现实

金融危机之后，美国开始对存款准备金支付利息，并积极推进“利率走廊”体系，很大程度上是由于利率走廊框架可以使得利率政策可以与准备金数量相分离。而这一特征对中国来说更有吸引力，主要体现在两个方面：首先，金融危机之后中国基础货币的供给渠道正在发生微妙的变化，基础货币供给短期内可能面临较大的波动和不确定性；其次，受中国金融市场，特别是债券市场发展的制约，中国人民银行通过公开市场操作干预市场利率的能力还相对有限。

一 金融危机之后货币供给渠道的变异加剧了数量调控的难度

进入21世纪以来，中央银行的资产结构变异导致基础货币供给渠道发生结构性变化。截至2014年8月国外资产占中国人民银行资产比例为84.7%，而外汇资产比例为82.3%，由此导致外汇占款长期以来成为中国基础货币供给的主渠道。金融危机之前，为了冲销由外汇储备不断增加所造成的基础货币供给，中国人民银行不得不依靠不断提高的存款准备金率和发行央行票据等手段回收流动性，导致中国的货币政策面临极其被动的局面。

金融危机之后，特别是近期以来，国外直接投资快速下降，贸易顺差的波动，导致增量外汇占款出现加大波动，影响中国基础货币稳定供给。2011 年 10 月之后当月新增外汇占款出现快速下降，并有连续多个月份出现负值。新增外汇占款剧烈下降意味着央行终于得以甩开外汇占款的包袱，走出被迫发行央票、上调存准率以不断对冲流动性的困境，货币政策自主空间也得以大大拓展。但硬币的另一面是，由于在过去十年间中国基础货币供应渠道是以外汇占款被动投放为主，新增外汇占款下降，让这一运转了近十年的货币供应机制突然失灵。①

“利率走廊”模式的基本出发点是要弱化基础货币数量和银行间市场利率的关系，实现无货币数量变动的利率调控模式。在基础货币供给数量呈现剧烈变动且预期不稳定的情况下，采取“利率走廊”模式是较好的选择。

二 公开市场操作规模约束了数量调控的能力

在美国传统的以公开市场操作为主的利率调控模式下，货币政策调控的精确程度取决于货币当局公开市场干预的能力和准确性。即便是在美国这样发达的债券市场条件下，由于商业银行流动性需求的不

① 在外汇占款之前，再贷款一直是基础货币投放的主渠道。20 世纪 90 年代的部分年份央行再贷款占基础货币增量比重甚至曾超过八成。随着外汇占款投放基础货币机制的确立，再贷款才逐渐退出。

确定性和变异性都导致出现货币政策目标与市场流动性需求之间的矛盾与冲突。

在公开市场操作中，通过买卖国债吞吐基础货币，需要一个有足够深度和广度的国债二级市场，否则空间不够，大规模地购买国债将引发利率出现剧烈波动。然而在中国，国债发行的规模、品种以及期限结构和中央银行现券资产规模都将限制其公开市场操作和利率引导的能力。中国人民银行发行中央银行票据很大程度上就与此有关。与金融危机前国债占总资产近90%的美联储不同，中国人民银行最主要的资产是外汇储备（2013年末为83.3%），对政府债权占总资产的比重不到5%。这大大限制了中国人民银行通过公开市场操作干预货币市场的能力。因此从货币政策干预能力的角度，“利率走廊”模式也是理想的选择。

第四节　中国构建“利率走廊”面临的挑战

虽然“利率走廊”模式对于中国存在较强的吸引力，但是在构建利率“走廊模式”的过程中，以及该模式建成之后，中国的货币政策体系仍然面临一系列的挑战。

一　确定适宜的“利率走廊”上限和下限

图13—2显示虽然中国理论上存在潜在的“利率走廊”框架，但是仅有超额准备金利率真正起到了下限的作用。2009年上半年，银

行间市场利率一度接近超额存款准备金率。[①] 理论上可以用来作为"利率走廊"上限的再贴现和再贷款利率由于市场规模有限，并没有起到框定利率波动的作用。2013 年以来，随着 SLO 和 SLF 等新兴货币政策工具的相继出台，中国人民银行通过新兴市场工具引导市场利率的意图明显。只有当金融市场上流动性短缺的机构可以方便地以央行规定的利率活动资金，央行对市场利率上限的管理才能起到真正的效果。

除了工具问题之外，适当的市场利率上限和下限是多少？即便是利率下限管理（floor）模式下，央行也应该确立适当的超额准备金利率使其与市场均衡利率相一致。根据西方国家的实践经验，从货币数量目标废除之后，泰勒规则和通胀目标制一直是西方国家设定政策利率的主要方法。[②] 这意味着在实施"利率走廊"调控模式之后，中国人民银行应该通过货币政策规则确定超额准备金利率。同时随着宏观经济形式的变化，中国人民银行应该灵活地调整超额准备金利率，如果调整存在时滞，或者调整不恰当就会导致宏观经济异常波动。1997 年亚洲金融危机期间，由于中央银行向商业银行支付过高的超额存款准备金利息，加剧商业银行惜贷。

在市场风险加剧的情况下，超额准备金利率接近甚至高于一年期存款利率水平，大量资金回流到中央银行，使得贷款过度紧缩。高准备金利率不仅削弱了商业银行创造货币信用的作用，还把商业银行变

---

① 2011 年之后，随着市场利率的上升，市场利率的平均值接近 3%，约比超额准备金利率高出两个百分点，实际上并未对"利率走廊"的下限构成任何实际的压力。

② 金融危机之后，经济学家对货币政策规则进行了深入的反思，包括传统通胀盯住制和泰勒规则的缺陷及其改进方向。尽管通胀盯住制和泰勒规则存在一定的缺陷，但是并不妨碍利率规则作为货币政策的主要调控手段。同时在泰勒规则中，如何及时准确地测算产出缺口和通货膨胀缺口并没有得到有效的解决。

成了单纯回笼现金的工具。当贷款回收预期变差时，银行会大量减少贷款；一旦企业效益改善，银行贷款回收预期好的时候就会大量放贷。从商业银行的角度来看，银行贷款和准备金作为持有资产的两种方式一定程度上存在竞争关系。如果超额准备金利率达到市场利率水平，将超过短期存款利率，造成存款市场套利行为。由此可见，“利率走廊”的实施，特别是如果采取利率下限管理模式的话，应该与存款利率市场化同步进行。

二　利率期限结构的培育

无论是何种利率政策调整模式，中央银行控制的仅是短期利率。长期以来，中国缺乏一条完整的基准收益率曲线，特别是短期债券品种相对较少，期限品种不健全，货币市场基准利率体系发展缓慢，这在一定程度上制约了利率市场化改革的推进。尽管期限的完整性并非市场基准收益率的核心属性，而更多的是从对金融衍生品定价的角度来考虑的，但是在市场利率货币政策中间目标的框架下，政策利率变化沿利率期限结构向长期利率传导是货币政策顺畅的前提。而中国所欠缺的恰恰是这一市场化的利率传导渠道。虽然贷款利率已经实现市场化，但存款利率仍然处于管制；更重要的是由于债券市场不完善，金融市场上尚无法形成一条完善的利率期限结构曲线来实现短期利率向长期利率的传导。因此培育完善的利率体系，实现通常的短期利率到长期利率的传导机制，是实现利率市场化的重要挑战。

三　利率市场化可能加速货币需求的不稳定性

根据国际经验，金融市场的发展将会加速货币需求函数的不稳定性，从而导致数量型调控模式的有效性加速下降。根据 Wei 和 Sampawende（2014）的发现，金融自由化和金融创新都会导致货币数量、产出水平和利率之间的长期关系发生变化。金融改革和创新将降低货币需求对收入的弹性；同时随着金融资产的丰富，货币需求对利率的弹性将会上升。在以货币数量为中间目标的政策调控体系下，货币政策对产出的影响取决于货币需求函数对收入和利率的弹性。伴随着利率市场化进程不断深化，金融市场自由化和市场化又会对货币政策市场化产生反所用，加速弱化原有货币数量框架的作用，同时会也会造成一定程度的市场波动。

参考文献

Adam, Klaus, and Mario Padula, (2011). "Inflation Dynamics and Subjective expectations in the United States", *Economic Inquiry* 49. 1, pp. 13 –25.

Adam, Klaus, and Roberto M. Billi, (2006). "Optimal Monetary Policy under Commitment with a Zero Bound on Nominal Interest Rates", *Journal of Money, Credit and Banking*, Vol, 38, No. 7, pp. 1877 –1905.

Adrian, Tobias, and Hyun Song Shin, (2010). "Liquidity and Leverage", *Journal of Financial Intermediation*, 19, pp. 418 –437.

Adrian, Tobias, Emanuel Moench, and Hyun Song Shin, (2010). "Macro Risk Premium and Intermediary Balance Sheet Quantities", *Federal Reserve Bank of New York Staff Reports*, No. 428.

Amano, Robert, Tom Carter, and Don Coletti, (2009). "Next Steps for Canadian Monetary Policy." *Bank of Canada Review*, *Spring*, pp. 7 – 20.

Ambler, Steve, (2009). "Price-Level Targeting and Stabilisation Policy:

A Survey," *Journal of Economic Surveys*, 23 (5), pp. 974 – 997.

Arestis, Philip, (2009). "New Consensus Macroeconomics: a Critical Appraisal", *Levy Economics Institute*, Working Paper 564.

Ascari, Guido, (2004). "Staggered Prices and Trend Inflation: Some Nuisances", *Review of Economic Dynamics* 7. 3, pp. 642 – 667.

Ascari, Guido, and Argia M. Sbordone, (2014). "The Macroeconomics of Trend Inflation", *Journal of Economic Literature* 52. 3, pp. 679 – 739.

Ball, Laurence, (1994a). "Credible Disinflation with Staggered Price-setting", *The American Economic Review*, pp. 282 – 289.

Ball, Laurence, (1994b). "What Determines the Sacrifice Ratio?", in *Monetary Policy*, eds. N. G. Mankiw, Chicago: University of Chicago Press, pp. 155 – 182.

Ball, Laurence, (1995). "Disinflation with Imperfect Credibility", *Journal of Monetary Economics*, 35 (1), pp. 5 – 23.

Bank of England, (2009). "Quantitative Easing Explained: Putting More Money into our economy to boost spending", http: //www. bankofengland. co. uk/monetarypolicy/Documents/pdf/qe-pamphlet. pdf.

Barkbu, Bergljot Bjørnson and Nicoletta Batini, (2005). "The New-Keynesian Phillips Curve when Inflation Is Non-Stationary: The Case of Canada", paper presented at the Bank of Canada Economic Conference on Issues in Inflation Targeting, held in Ottowa April 28 – 29, 2005.

Batini, Nicoletta, Brian Jackson and Stephen Nickell, (2005). "An Open-economy New Keynesian Phillips Curve for the U. K. ", *Journal of Monetary Economics* 52, pp. 1061 – 1071.

Bean, Charles, (2007). "Is there a New Consensus in Monetary Policy?",

P Arestis, Is There a New Consensus in Macroeconomics.

Bean, Charles, et al. ,(2010). "Monetary Policy after the Fall", *Macroeconomic Challenges: The Decade Ahead*, pp. 26 – 28.

Bernanke, Ben S. ,(2009). "The Crisis and the Policy Response", Stamp Lecture, *London School of Economics*, January 13.

Bernanke, Ben S. , Mark Gertler, (1989). "Agency Costs, Net Worth, and Business Fluctuations", *American Economic Review*, 79 (1), pp. 14 – 31.

Bernanke, Ben S. , Mark Gertler, and Simon Gilchrist, (1999). "The Financial Accelerator in a Quantitative Business Cycle Framework", in Taylor, J. and Woodford, M. , eds, *Handbook of Macroeconomics*. Amsterdam, Netherlands: Elsevier.

Blanchard, Olivier Jean, and Nobuhiro Kiyotaki, (1987). "Monopolistic Competition and the Effects of Aggregate Demand", *The American Economic Review*, pp. 647 – 666.

Blanchard, Olivier, and Jordi Galí, (2007). "Real Wage Rigidities and the New Keynesian Model." *Journal of Money, Credit and Banking* 39. s1, pp. 35 – 65.

Blanchard, Olivier, *Giovanni Dell'* Ariccia, and Paolo Mauro, (2010). "Rethinking macroeconomic policy", *Journal of Money, Credit and Banking* 42. s1, pp. 199 – 215.

Blinder, Alan S, (1996). "Central Banking in a Democracy", *FRB Richmond Economic Quarterly*, 82. 4, pp. 1 – 14.

Borio, Claudio EV, and Mathias Drehmann, (2009). "Assessing the Risk of Banking Crises-revisited", *BIS Quarterly Review*, March, pp. 29 – 46.

Borio, Claudio, (2012). "The Financial Cycle and Macroeconomics: What Have We Learnt?", *BIS Working Papers*, No. 395.

Borio, Claudio, (2014). "Monetary Policy and Financial Stability: What Role in Prevention and Recovery?", *BIS Working Papers*, No. 440.

Borio, Claudio, and Haibin Zhu, (2012). "Capital Regulation, Risk-taking and Monetary Policy: a Missing Link in the Transmission Mechanism?" *Journal of Financial Stability* 8. 4, pp. 236 – 251

Borio, Claudio, and Piti Disyatat, (2009). "Unconventional Monetary Policies: An Appraisal", *BIS Working Papers*, No. 292.

Brunnermeier, Markus K., and Yuliy Sannikov, (2011). *The Theory of Money*, Unpublished working paper, Princeton University.

Brunnermeier, Markus K., and Yuliy Sannikov, (2012). "A Macroeconomic Model with a Financial Sector", *National Bank of Belgium Working Paper*, 236.

Calvo, Guillermo A, (1983). "Staggered Prices in a Utility-maximizing Framework", *Journal of Monetary Economics* 12. 3, pp. 383 – 398.

Carlstrom, Charles T., and Timothy S. Fuerst, (1997). "Agency Costs, Net Worth, and Business Fluctuations: A Computable General Equilibrium Analysis", *American Economic Review*, 87, pp. 893 – 910.

Cecchetti, Stephen G., Alfonso Flores-Lagunes, and Stefan Krause, (2004). "Has Monetary Policy Become More Efficient? A Cross Country Analysis", *NBER Working Paper*, No. w10973.

Christiano, L.; Ilut, C.; Motto, R. and Rostagno, M, (2008). "Monetary Policy and Stock Market Boom Bust Cycles", *European Central Bank Working Paper*, No. 955.

Christiano, Lawrence J., Martin Eichenbaum, and Charles L. Evans, (2005). "Nominal Rigidities and the Dynamic Effects of a Shock to Monetary Policy", *Journal of political Economy* 113. 1, pp. 1 –45.

Clarida, Richard, Jordi Galí, and Mark Gertler, (1999). "The Science of Monetary Policy: A New Keynesian Perspective", *Journal of Economic Literature* 37, pp. 1661 – 1707.

Clinton, Kevin, (1997). "Implementation of Monetary Policy in a Regime with Zero Reserve Requirements", *Bank of Canada Working Paper*, 97 –8.

Cochrane, John H, (2011). "How Did Paul Krugman Get It So Wrong?", *Economic Affairs*, 31, 2, pp. 36 –40.

Constâncio, Vítor, (2015). "Assessing the New Phase of Unconventional Monetary Policy at the ECB", Panel remarks at the Annual Congress of the European Economic Association, University of Mannheim, 25 August, 2015.

Cour-Thimann, Philippine and Bernhard Winkler, (2013). "The ECB's non-standard monetary policy measures: the role of institutional factors and financial structure", *ECB Working Paper*, No. 1528.

Cúrdia, Vasco, and Michael Woodford, (2009). "Credit Frictions and Optimal Monetary Policy", *BIS Working Papers*, No 278.

Drehmann, M., and M. Juselius, (2012). "Measuring Liquidity Constraints in the Economy: the Debt Service Ratio and Financial Crises", *BIS Quarterly Review*, September, pp. 21 –35.

Eggertsson, Gauti B., (2003). "Zero Bound on Interest Rates and Optimal Monetary policy", *Brookings Papers on Economic Activity*, 2003. 1, pp. 139 –233.

Erceg, Christopher J., Dale W. Henderson, and Andrew T. Levin, (2000). "Optimal Monetary Policy with Staggered Wage and Price Contracts", *Journal of monetary Economics* 46. 2, pp. 281 –313.

Feyzioglu, Tarhan, Porter, Nathan and Takats, Elod, (2009). "Interest Rate Liberalization in China", *IMF Working Paper*, 09/171, Washington DC.

Fisher, Irving (1933). "The Debt-Deflation Theory of Great Depressions", *Econometrica*, Vol. 1, pp. 337 –57.

Frankel, Jeffrey, (2012). "The death of inflation targeting", VoxEU. org. 19.

Franta, Michal, (2011). "Identification of Monetary Policy Shocks in Japan Using Sign Restrictions within the TVP-VAR Framework", *Bank of Japan Discussion Paper*, No. 2011 –E –13.

Friedman, Milton, (1963). *Inflation: Causes and Consequences*, New York: Asia Publishing House.

Friedman, Milton, and David Laidler, (2010). "Trade-offs in Monetary Policy", David Laidler's Contributions to Economics. Palgrave Macmillan UK, pp. 114 –127. http://www. stanford. edu/ ~johntayl/.

Fuhrer, Jeff, and George Moore, (1995). "Inflation persistence". *The Quarterly Journal of Economics*, pp. 127 –159.

Fuhrer, Jeffrey C, (1997). "The (un) importance of forward-looking behavior in price specifications", *Journal of Money, Credit, and Banking*, pp. 338 –350.

Galí, Jordi, (2009). *Monetary Policy, Inflation, and the Business Cycle:*

An Introduction to the New Keynesian Framework. Princeton University Press.

Galí, Jordi, (2002). "New perspectives on monetary policy, inflation, and the business cycle", *NBER Working Paper*, No. w8767.

Galí, Jordi, and Mark Gertler, (1999). "Inflation Dynamics: A Structural Econometric Analysis", *Journal of Monetary Economics* 44.2, pp. 195 – 222.

Galí, Jordi, and Mark Gertler, (2007). "Macroeconomic Modeling for Monetary Policy Evaluation", *NBER Working Paper*, No. w13542.

Galí, Jordi, Mark Gertler, and J. D. López-Salido, (2005). "Robustness of the Estimates of the Hybrid New Keynesian Phillips Curve", *Journal of Monetary Economics* 52, pp. 1107 – 1118.

Galí, Jordi, Mark Gertler, and J. David López-Salido, (2001). "European Inflation Dynamics", *European Economic Review* 45.7, pp. 1237 – 1270.

Gertler, Mark, and Nobuhiro Kiyotaki, (2010). "Financial Intermediation and Credit Policy in Business Cycle Analysis", in Friedman, Benjamin M., and Michael Woodford, eds. *Handbook of Monetary Economics*, Volume 3B. Vol. 3, pp. 547 – 599.

Goodfriend, Marvin, and Bennett T. McCallum, (2007). "Banking and Interest Rates in Monetary Policy Analysis: A Quantitative Exploration", *Journal of Monetary Economics*, Volume 54, Issue 5, pp. 1480 – 1507.

Goodfriend, Marvin, (1986). "Monetary mystique: Secrecy and Central Banking", *Journal of Monetary Economics* 17.1, pp. 63 – 92.

Goodfriend, Marvin, (2007). "How the World Achieved Consensus on Monetary Policy", *NBER Working Paper*, No. w13580.

Goodfriend, Marvin, and Robert, King, (1997). "The New Neoclassical Synthesis and the Role of Monetary Policy", *NBER Macroeconomics Annual*, Volume 12, MIT Press, pp. 231 –296.

Goodhart, Charles, Carolina Osorio, and Dimitrios P. Tsomocos, (2009). "Analysis of Monetary Policy and Financial Stability: A New Paradigm", *CESIFO Working Paper* No. 2885.

Goodhart, Charles, (2009). "Liquidity Management", Federal Reserve Bank of Kansas City Symposium at Jackson Hole, August.

Hall, Robert E., and N. Gregory Mankiw, (1994). "Nominal Income Targeting", *N. Gregory Mankiw eds. Monetary Policy*, The University of Chicago Press, pp. 71 –94.

Hatcher, Michael C, (2011). "Comparing inflation and price-level targeting: A comprehensive Review of the Literature", *Cardiff Economics Working Papers*, No. E2011/22.

He, Dong and Wang, Honglin, (2011). "Dual-track Interest Rates and the Conduct of Monetary Policy in China", *HKIMR Working Papers*, No. 21/2011.

IMF, (2013). "Unconventional Monetary Policies—Recent Experience and Prospects", April 18.

Issing, Mr Otmar, (2011). "Lessons for Monetary Policy: What Should the Consensus Be?", *IMF Working Paper*, No. 11 –97.

Iwata, Kikuo, (2014). "Quantitative and Qualitative Monetary Easing and Japan's Recent Economic and Financial Developments", Speech at a Newspaper Editorial Writers' Meeting, Kyodo News, Tokyo, 26,

May, 2014.

Jean-Baptiste, Frédo, (2012). "Forecasting with the New Keynesian Phillips curve: Evidence from Survey Data", *Economics Letters* 117. 3, pp. 811 – 813.

Jeanne, Olivier, (1998). "Generating Real Persistent Effects of Monetary Shocks: How Much Mominal Rigidity do We Really Need?", *European Economic Review* 42. 6, pp. 1009 – 1032.

Kahn, George A, (1988). "Nominal GNP: An Anchor for Monetary Policy?", *Federal Reserve Bank of Kansas City Economic Review*, *November*.

Kahn, George A, (2009). "Beyond Inflation Targeting: Should Central Banks Target the Price Level?", *Economic Review*, *Federal Reserve Bank of Kansas City*, Q3, pp. 35 – 64.

Kiley, Michael T, (2007). "A Quantitative Comparison of Sticky-Price and Sticky-Information Models of Price Setting", *Journal of Money*, *Credit and Banking* 39. s1, pp. 101 – 125.

King, Robert G., Charles I. Plosser, and Sergio T. Rebelo, (1988). "Production, Growth and Business Cycles: I. The Basic Neoclassical Model", *Journal of Monetary Economics* 21. 2, pp. 195 – 232.

Kiyotaki, Nobuhiro, and John Moore, (1997). "Credit Cycles", *Journal of Political Economy*, Vol. 105, No. 2, pp. 211 – 248.

Knight, Frank H, (2012). Risk, Uuncertainty and Profit, Courier Corporation.

Krugman, Paul, (2009). "How Did Economists Get it So Wrong?", *New York Times Magazine*, September, 2, 2009.

Kurmann, André, (2005). "Quantifying the Uncertainty About the Fit of the New Keynesian Pricing Model", *Journal of Monetary Economics* 52, pp. 1119 – 1134.

Kydland, Finn E., and Edward C. Prescott, (1982). "Time to Build and Aggregate Fluctuations", *Econometrica*, Vol. 50, No. 6, pp. 1345 – 1370.

Lindé, Jesper, (2005). "Estimating the New-Keynesian Phillips Curves: A Full Information Maximum Likelihood Approach", *Journal of Monetary Economics* 52, pp. 1135 – 1149.

Lucas, Robert E., Jr., (2009). "In Defense of the Dismal Science," *Economist Magazine*, August, 6, 2009.

Mankiw, N. Gregory, (2001). "The Inexorable and Mysterious Tradeoff between Inflation and Unemployment", *The Economic Journal* 111. 471, pp. 45 – 61.

Mankiw, N. Gregory, and Ricardo Reis, (2002). "Sticky Information Versus Sticky Prices: A Proposal to Replace the New Keynesian Phillips Curve", *The Quarterly Journal of Economics* 117. 4, pp. 1295 – 1328.

Mavroeidis, Sophocles, (2005). "Identification Issues in Forward-looking Models Estimated by GMM, with an Application to the Phillips Curve", *Journal of Money, Credit and Banking*, pp. 421 – 448.

McCallum, Bennett T, (1981). "Price Level Determinacy with an Interest Rate Policy Rule and Rational Expectations", *Journal of Monetary Economics* 8. 3, pp. 319 – 329.

McCallum, Bennett T., and Edward Nelson, (1999). "An optimizing IS-LM Specification for Monetary Policy and Business Cycle Analysis",

Journal of Money, Credit, and Banking 31, 296 – 316.

Meltzer, Allan H, (2013). "What's Wrong with the Fed-What Would Restore Independence", *Cato Journal*, Vol. 33, No. 3, pp. 401 – 416.

Meyer, Laurence H. Does Money Matter? World Bank Publications, 2001.

Milani, Fabio, (2005a). "Adaptive Learning and Inflation Persistence", *UCI Economics Working Paper*, Series No. 05 – 06 – 07.

Milani, Fabio, (2005b). "Expectations, Learning and Macroeconomic Persistence", *UCI Economics Working Paper* Series No. 05 – 06 – 08.

Minsky Human, (1986). Stabilizing an Unstable Economy. McGrow-Hill.

Mishkin, Frederic S., (2010). "Monetary Policy Flexibility, Risk Management, and Financial Disruptions", *Journal of Asian Economics* 21. 3, pp. 242 – 246.

Mishkin, Frederic S., (2011). "Monetary Policy Strategy: Lessons from the Crisis", *NBER Working Paper*, No. w16755.

Mishkin, Frederic S., (2012). "Central Banking after the Crisis", paper for the 16th Annual Conference of the Central Bank of Chile, Santiago, Chile, November 15 and 16, 2012.

Neiss, Katharine S., and Edward Nelson, (2005). "Inflation Dynamics, Marginal Cost, and the Output Gap: Evidence from three Countries", *Journal of Money, Credit, and Banking*, Volume 37, Number 6, pp. 1019 – 1045

Ólafsson, Thorvardur Tjörvi, (2006). "The New Keynesian Phillips Curve: In Search of Improvements and Adaptation to the Open Economy", *Central bank of Iceland*, No. wp31_ tjorvi.

Paloviita, Marita, (2004). "Inflation Dynamics in the Euro Area and the Role of Expectations: Further Results", *Bank of Finland Discussion Paper* No. 21 – 2004.

Porter, Nathan, and TengTeng Xu, (2009). "What Drives China's Interbank Market?", *IMF Working Papers*, wp09189.

Rabanal, Pau and Juan F. Rubio-Ramírez, (2005). "Comparing New Keynesian Models of the Business Cycle: A Bayesian Approach", *Journal of Monetary Economics* 52, pp. 1151 – 1166.

Roberts, John M, (1995). "New Keynesian economics and the Phillips curve", *Journal of Money, Credit and Banking*, pp. 975 – 984.

Roberts, John M, (1997). "Is inflation sticky?" *Journal of Monetary Economics* 39. 2, pp. 173 – 196.

Rotemberg, Julio J., and Michael Woodford, (1991). "Markups and the Business Cycle", *NBER Macroeconomics Annual* 1991, Volume 6, pp. 63 – 140.

Rotemberg, Julio J., and Michael Woodford, (1992). "Oligopolistic Pricing and the Effects of Aggregate Demand on Economic Activity", *Journal of political Economy*, pp. 1153 – 1207.

Rudd, Jeremy, and Karl Whelan, (2005). "New Tests of the New-Keynesian Phillips Curve", *Journal of Monetary Economics* 52. 6, pp. 1167 – 1181.

Rudd, Jeremy, and Karl Whelan, (2007). "Modeling Inflation Dynamics: A Critical Review of Recent Research", *Journal of Money, Credit and Banking* 39. s1, pp. 155 – 170.

Rudebusch, Glenn, and Lars EO Svensson, (1998). "Policy Rules for

Inflation Targeting", in Taylor, John B. eds. *Monetary Policy Rules*. University of Chicago Press, pp. 203 – 262.

Sargent, Thomas J., and Neil Wallace, (1975). "Rational Expectations, the Optimal Monetary Instrument, and the Optimal Money Supply Rule", *The Journal of Political Economy*, pp. 241 – 254.

Sbordone, Argia M, (2002). "Prices and Unit Labor Costs: a New Test of Price Stickiness", *Journal of Monetary Economics* 49.2, pp. 265 – 292.

Sørensen, Peter Birch, and Hans Jørgen Whitta-Jacobsen, (2010). *Introducing Advanced Macroeconomics: Growth and Business Cycles*. McGraw-Hill higher education.

Sumner, Scott, (2012). "The Case for Nominal GDP targeting", *Mercatus Research*.

Svensson, Lars E. O., (1997). "Inflation Forecast Targeting: Implementing and Monitoring Inflation Targets", *European Economic Review* 41.6, pp. 1111 – 1146.

Svensson, Lars E. O., (1999). "Inflation Targeting as a Monetary Policy Rule", *Journal of Monetary Economics* 43.3, pp. 607 – 654.

Svensson, Lars E. O., (1999). "Price-Level Targeting versus Inflation Targeting: A Free Lunch?" *Journal of Money, Credit and Banking*, Vol. 31, No. 3, Part 1, pp. 277 – 295.

Svensson, Lars E. O., (2003). "Monetary Policy and Real Stabilization", *NBER Working Paper*, No. w9486.

Svensson, Lars E. O., (2009). "Flexible Inflation Targeting—Lessons from the Financial Crisis" (Amsterdam: The Netherlands Bank, September 21).

Svensson, Lars E. O. , (2010), "Inflation Targeting", *NBER Working Paper*, No. w16654.

Svensson, Lars EO, and Michael Woodford, (2007). "Implementing Optimal Policy through Inflation-forecast Targeting", in Bernanke, Ben S. , and Michael Woodford, eds. *The Inflation-targeting Debate.* University of Chicago Press, pp. 19 –92.

Taylor, John B. , (1979). "Estimation and Control of a Macroeconomic Model with Rational Expectations", *Econometrica*: *Journal of the Econometric Society*, pp. 1267 –1286.

Taylor, John B. , (1980). "Aggregate Dynamics and Staggered Contracts", *The Journal of Political Economy*, pp. 1 –23.

Taylor, John B. , (1994). "The Inflation/output Trade-off revisited", *Goals*, *Guidelines and Constraints Facing Monetary Policymakers*, Federal Reserve Bank of Boston, Boston, Massachusetts, pp. 21 –38.

Taylor, John B. , (2008). "Monetary Policy and the State of the Economy", Testimony before the Committee on Financial Services U. S. House of Representatives.

Trichet Jean-Claude, (2013). "Central Banking in the Crisis-Conceptual Convergence and Open Questions on Unconventional Monetary Policy", *Per Jacobsson Lecture*, 2013.

Vestin, David, (2006). "Price-level Versus Inflation Targeting", *Journal of Monetary Economics*, 53 (7), pp. 1361 –1376.

Vollmer, Uwe and Ralf, Bebenroth, (2012). "The Financial Crisis in Japan: Causes and Policy Reactions by the Bank of Japan", *The European*

Journal of Comparative Economics, Vol. 9, No. 1, pp. 51 –77.

Walsh, Carl E. ,(2010). *Monetary Theory and Policy*. MIT Press.

Wei Liao and Sampawende J. -A. Tapsoba. (2014). "China's Monetary Policy and Interest Rate Liberalization: Lessons from International Experiences", IMF Working Paper, WP/14/75.

White, William, R. ,(2006). "Is Price Stability Enough?", *BIS Working Paper*, No. 205.

White, William, R. , (2009). "Should Monetary Policy 'Lean or Clean'?", *Federal Reserve Bank of Dallas Globalization and Monetary Policy Institute Working Paper*, No. 34.

Wolman, Alexander L. ,(1999). "Sticky Prices, Marginal Cost, and the Behaviour of Inflation", *Federal Reserve Bank of Richmond Economic Quarterly* 85 (4), pp. 29 –48.

Woodford, Michael,(2001a). "Monetary Policy in the Information Economy", *NBER Working Paper*, No. w8674.

Woodford, Michael, (2000b). "The Taylor Rule and Optimal Monetary Policy", *American Economic Review*, Vol. 91, No. 2.

Woodford, Michael,(2005). "Central Bank Communication and Policy Effectiveness", *NBER Working Paper*, No. w11898.

Woodford, Michael,(2008). "How Important is Money in the Conduct of Monetary Policy?", *Journal of Money, Credit and Banking* 40. 8, pp. 1561 –1598.

Woodford, Michael,(2009). "Convergence in Macroeconomics: Elements of the New Synthesis", *American Economic Journal: Macroeconomics* 1. 1, pp. 267 –279.

Woodford, Michael. (2003) *Interest and Prices: Foundations of a Theory of Monetary Policy*, Princeton University Press.

Yellen, J. (2009): "U. S. Monetary Policy Objectives in the Short and Long Run", *FRBSF Economic Letter*, No. 2009 - 01 - 02.

Yun, Tack, (1996). "Nominal price rigidity, money supply endogeneity, and business cycles", *Journal of Monetary Economics* 37. 2, pp. 345 - 370.

Zhang, Chengsi, Denise R. Osborn, and Dong Heon Kim, (2008). "The new Keynesian Phillips curve: from sticky inflation to sticky prices." *Journal of Money, Credit and Banking* 40. 4, pp. 667 - 699.

陈彦斌、陈小亮:《通缩、高债务和货币政策财政政策协调》, 中国人民大学经济学院经济研究所工作论文, http://ier. ruc. edu. cn/, 2015。

冯俊新:《债务通缩理论演变及其对去杠杆问题的启示》, 中国人民大学经济学院经济研究所工作论文, http: //ier. ruc. edu. cn/, 2015。

何东、王红林:《利率双轨制与中国货币政策实施》, 《金融研究》2011 年第 12 期。

李宏瑾、唐珂:《从利率市场化改革的角度看货币市场波动》,《南方金融》2013 年第 8 期。

李杨、张晓晶、常欣等:《中国国家资产负债表 2015》, 中国社会科学出版社 2015 年版。

中国人民大学宏观经济分析与预测课题组:《中国宏观经济分析与预测(2015 年中期)报告——低迷与繁荣、萧条与泡沫并存的中国宏观经济》,《经济理论与经济管理》2015 年第 8 期。

周小川:《新世纪以来中国货币政策主要特点》,《新世纪》2012 年第 46 期。